STAATSOPER

Wien I, Opernring

Spielplan für die Zeit vom 24. bis 31. Mai 1981

Tag	Vorstellung		Proben
Sonntag, 24. Mai	Bei aufgehobenem Abonnement – Geschlossene Vorstellung Kein Kartenverkauf In italienischer Sprache 19 Uhr **Lucia di Lammermoor** 34 Walter Gruberova, Slania Zancanaro, Lima a. G., Yamaji, Wimberger, Caban Kienast Zessar		Bei dreistündigen Proben ist spätestens nach 1½ Stunden eine Pause zu gewähren.
Montag, 25. Mai	Letzte Vorstellung im Abonnement 16. Gruppe Beschränkter Kartenverkauf – Preise D BALLETTABEND 19 Uhr **Dornröschen** 14 Märzendorfer Cech, Kirnbauer, Worisch Birkmeyer, Tichy Dill / Gacio	**Teesalon:** 9.30 Regiesitzung	**Orchesterraum** (geschlossener eiserner Vorhang): 10 Wozzeck, Orchesterprobe **Bühne** (geschlossener eiserner Vorhang): 11.30 Wozzeck, mit Klavier **Orgelsaal:** 10 und 17 La Bohème, mit Klavier **Ensembleprobesaal:** 17 Wozzeck, Ensembleprobe
Dienstag, 26. Mai	Bei aufgehobenem Abonnement – Beschränkter Kartenverkauf Preise D In italienischer Sprache 19.30 Uhr **La Bohème** 168 de Fabritiis Tokody, Holm Carreras, Hornik, Kerns, Franc, Holecek, Usunow, Caban, Wiener Sängerknaben Lantieri Cserjan	**Musikvereinssaal:** 10 Wozzeck, Orchesterprobe	**Bühne:** Wozzeck, mit Klavier **Probebühne:** 17 Wozzeck, mit Klavier
Mittwoch, 27. Mai	Bei aufgehobenem Abonnement – Beschränkter Kartenverkauf Preise D **20 Uhr** **Elektra** 2 Leinsdorf Vinzing, Ludwig, Jones, Felbermayer, Dutoit, Szönyi, Lilowa, Hintermeier, Jahn, Lotte Rysanek, Borowska King, Berry, Toliver, Gahmlich, Fink Bletschacher Stelzmüller	**Musikvereinssaal:** 10 Wozzeck, Orchesterprobe	**Bühne:** Wozzeck, Dekorations- und Beleuchtungsprobe **Probebühne:** 17 Wozzeck, mit Klavier **Orgelsaal:** 10 und 17 André Chénier, mit Klavier **Ensembleprobesaal:** 10 und 17 Tannhäuser, Ensembleprobe
Donnerstag, 28. Mai	Beschränkter Kartenverkauf – Preise D 18 Uhr **Boris Godunow** 28 Klobucar Yachmi, Shirashi, Slania, Miltschewa, Lilowa Ghiaurov, Kmentt, Helm, Rydl, Atlantow, Rubaschkin, Czerwenka, Wildhaber, Toliver, Zednik, Christian, Terkal, Equiluz, Tichy, Sramek, Gumpoldskirchner Kinderchor Usunow Cserjan		
Freitag, 29 Mai	Bei aufgehobenem Abonnement – Beschränkter Kartenverkauf Preise D In italienischer Sprache 19.30 Uhr **La Bohème** 167 de Fabritiis Tokody, Holm Carreras, Hornik, Kerns, Franc, Holecek, Usunow, Caban, Wiener Sängerknaben Lantieri Cserjan		**Bühne:** Wozzeck, mit Klavier **Probebühne:** 17 Wozzeck, mit Klavier **Orgelsaal:** 11 und 17 Tannhäuser, mit Klavier
Samstag, 30. Mai	Preise D 20 Uhr **Elektra** 3 Leinsdorf Vinzing, Ludwig, Jones, Felbermayer, Dutoit, Szönyi, Lilowa, Hintermeier, Jahn, Lotte Rysanek, Borowska King, Berry, Toliver, Gahmlich, Fink Peppermüller Stelzmüller		**Bühne:** Wozzeck, mit Klavier **Probebühne:** 10 Attila, mit Klavier **Orgelsaal:** 11.30 Tannhäuser, mit Klavier
Sonntag, 31. Mai	Bei aufgehobenem Abonnement – Preise D 18 Uhr **Tannhäuser** 42 Sanderling Jones, Martin, Herman Adam, Beirer, Weikl, Hopferwieser, Bunger, Wendler, Guthrie Färber Suppan		

1. Wenn ein Mitglied krankheitshalber verhindert ist, an den angesetzten Proben oder Vorstellungen teilzunehmen, hat es dies der Direktion sofort anzuzeigen und gleichzeitig ein ärztliches Zeugnis einzusenden.

Theater-(Betriebs-)Arzt ist Ob.-Med.-Rat Dr. Götz Kende (Ordination im Dienstzimmer Montag, Mittwoch, Donnerstag, Freitag 10.30 bis 11.30 Uhr).

2. Die Mitglieder sind verpflichtet, eine halbe Stunde (für außerhalb des Stadtgebietes Wohnende eine Stunde) vor Beginn des Aktes, in dem sie aufzutreten haben, im Theater anwesend zu sein. Der Abendspielleiter ist verpflichtet, Verspätungen der Direktion sofort zu melden.

3. Auch die in den angesetzten Vorstellungen nicht beschäftigten Mitglieder haben eine Stunde vor Theaterbeginn in ihrer Wohnung die eventuelle Erreichbarkeit sicherzustellen.

4. Es wird neuerlich in Erinnerung gebracht, daß das Anprobieren von Kleidern nur in den Werkstätten des Operntheaters selbst, und zwar innerhalb der Arbeitsstunden (8 bis 12 und 13 bis 16 Uhr) erfolgen kann.

Die Mitglieder sind ausnahmslos verpflichtet, jeden Urlaub sowie Mitwirkungen jeder Art vor Abschluß dem Direktor anzuzeigen
Mitglieder, die einen gewährten Urlaub beenden, sind verpflichtet, ihren Dienstantritt umgehend der Regiekanzlei bekanntzugeben
Die Mitglieder sind verpflichtet, sich selbst über die Proben des nächsten Tages entweder telephonisch oder persönlich in der Regiekanzlei zu informieren
Eine Verständigung durch die Regiekanzlei erfolgt nicht!

Telephon der Regiekanzlei: 53 24 - 23 18 oder 53 24 - 23 19
Tonbandauskunft über Programm und Besetzungen: 53 24 - 23 45

Das jeweilige Wochenprogramm ist jeden Donnerstagabend in der Regiekanzlei erhältlich

Renate Holm

Ein Leben nach Spielplan

Stationen einer ungewöhnlichen Karriere

edition q

Die Deutsche Bibliothek – CIP-Einheitsaufnahme

Holm, Renate:
Ein Leben nach Spielplan / Renate Holm. – Berlin : Ed. q, 1991
ISBN 3-928024-44-2

Redaktion: Bartel F. Sinhuber
Umschlaggestaltung: Richard Donhauser, Wien
Gesamtherstellung: Ebner Ulm
Printed in Germany

ISBN 3-928024-44-2

Inhalt

Renate Holm, geliebte wienerische Berlinerin!

Ich habe den Sommer des Jahres 1957, wie die meisten meiner Sommer, in Newark bei New York im Hause von Maria Jeritza verbracht und habe ununterbrochen eine ihr ganz dumm vorkommende Zeile gesungen: „Im Kopf ein kleines Schwipserl ..." Jedesmal sagte sie: „Prawičky, was singst du da für Blödsinn, was ist das für eine Oper?" Und ich konnte ihr das nicht erklären.

Es war das Lied, das Renate Holm im „Walzertraum" 1957 in der Wiener Volksoper gesungen hat – in einer so bezaubernden Weise, mit einem so bemerkenswerten Vortrag und so einem einprägsamen Stimmklang, daß es mir nicht aus den Ohren und nicht aus dem Hirn gegangen ist.

Ich war bei ihrem ersten Vorsingen an der Wiener Volksoper dabei. Daß es dazu kam, hatte tiefe Wiener kulturpolitische Hintergründe, die man vielleicht heute nicht mehr so ganz versteht. Im Jahr 1956 war dieser ungeheure Erfolg von „Kiss me Kate" gewesen, dem ersten Musical in amerikanischem Stil in Europa. Daraufhin hat man in der Volksoper – sehr zu Unrecht – gefürchtet, daß diese Musicals, die ich bringe, die Operette totschlagen werden oder totschlagen wollen, was niemand beabsichtigte. Man hat dann überall nach außerordentlichen Dingen auf dem Gebiet der Operette gesucht, um ein attraktives Gegengewicht zum Musical zu schaffen.

Es wurde Hubert Marischka engagiert, den „Walzertraum" zu inszenieren, und man wollte eine besonders interessante Besetzung auftreiben. Hubert Marischka hatte uns gesagt, er könnte Renate Holm dafür interessieren. Darauf meinten alle: Das ist ja absolut lächerlich, das wird sie doch niemals machen. Sie war damals noch blutjung, aber bereits ein populärer Filmstar, war durch ihre Filme mit Rudolf Schock und anderen wirklich schon ein Begriff. Wir dachten, die wird doch nie im Leben an die Volksoper kommen und dort Operette singen. Aber sie kam.

Ich erinnere mich an ihr phänomenales Vorsingen. Sie hat mir eigentlich vom ersten Augenblick eine große Bewunderung eingeflößt, weil sie etwas gemacht hat, von dem viele schon gesagt haben, daß sie's tun, aber Renate Holm war die einzige, die es dann wirklich getan hat: Sie hat am Höhepunkt einer sehr schönen Filmkarriere gesagt, damit ist Schluß, ich will nur noch Oper singen!

Sie hat auch in Operetten an der Volksoper fantastisch gesungen und diese Rollen mit vollem Herzen gespielt, aber innerlich nur als eine Brücke zum Operngesang verstanden. Sie tat alles mit einem ungeheueren Ernst und außerordentlichem Fleiß. Sie hatte auf diesem Gebiet keine besonders lange musikalische Vorbildung, sie hat gründliche Gesangsstudien betrieben und in der Oper hart an sich gearbeitet.

Ich habe ihre ganze Volksopern-Periode erlebt. Meine stärkste Erinnerung an sie ist wahrscheinlich „Il Campiello" von Ermanno Wolf-Ferrari. Das war eine ganz entzückende Rolle: Sie spielte die junge Venezianerin, die reich heiraten will und die arme Umgebung des Campiello nicht ausstehen kann. Und als es dann wirklich dazu kommt, und sie findet diesen reichen Mann, bricht ihr das Herz, und sie weint, weil sie den Campiello nicht verlassen will. Auch ich weinte. Sie spielte und sang diese Venezianerin mit ungeheuer viel Herz und viel Ausdruck.

Als sie dann an die Wiener Staatsoper kam, war ich für sie

immer auch ein bißchen geistiger Betreuer und Ratgeber. Ich erinnere mich noch, wie sie einmal zu mir kam und sagte: Du, ich soll an der Staatsoper ein Blumenmädchen im „Parsifal" singen. Ist das eine schöne Rolle?

Sie kam an die Wiener Staatsoper zum ersten Mal, ich glaube, mit dem Gretchen im „Wildschütz" und – sie war damals schon ausgezeichnet – wurde eine der Lieblingssängerinnen von Karajan. Er hat sie sehr viel beschäftigt, und sie war eine der besten Musettes, die wir jemals gehabt haben.

Eines hab ich immer bedauert. Ich habe nie verstanden, daß das Fernsehen, wo sie ja einige schöne Sachen gespielt hat, ihr nie die große Chance gegeben hat, zum Beispiel eine Serie zu machen. Vielleicht haben die gedacht, die Renate mit ihrer Liebe für die Tiere sitzt sicher am liebsten in ihrer Mühle ... Ich glaube, sie hat dort unzählige Esel, und da der Esel auch mein Lieblingstier ist, waren allein schon die Esel immer eine große seelische Bindung zwischen uns ...

Renate Holm hat an vielen internationalen Opernhäusern hervorragendste Erfolge gehabt. Sie war noch in einer der letzten neuen Rollen, die sie gespielt hat, ganz fabelhaft, als Lehrerin in „Hilfe, Hilfe, die Globolinks". Auch der Komponist Gian-Carlo Menotti war begeistert. Noch voriges Jahr in Spoleto, wo ich ihn besuchte, erzählte er, wie ausgezeichnet die Holm („Olm" – das H konnte er nicht aussprechen – es klang immer wie „Olm") in den „Globolinks" in Wien gewesen war.

Wir alle freuen uns sehr, daß Renate Holm – sie ist noch ausgezeichnet bei Stimme – immer wieder Konzerte gibt, von denen ich viele in den letzten Monaten gehört habe. So hatte ich auch die Freude, mit ihr gemeinsam an einem Robert-Stolz-Abend zu arbeiten und bei der Präsentation des Buches von Alfred Grünwald. Ich habe sie für ein prominentes Comeback in meiner Robert Stolz-Revue an der neuen Volksoper (1992) eingeladen. Hoffentlich nimmt sie an.

Daneben hat sie inzwischen eine zweite Karriere begonnen. Und es freute mich, daß sie damals zu mir kam und mich fragte, ob sie das machen soll. Ich habe ihr zugeredet, und sie hat sich als komödiantische Schauspielerin im Theater am Kurfürstendamm in Berlin erwiesen. Glänzend war sie dann auch in einer sehr ernsten Rolle als Schauspielerin am Volkstheater in Wien. Jetzt hat sie eine sehr interessante, ganz merkwürdige und ausgefallene Rolle in der deutschsprachigen Erstaufführung des Musicals „Follies" von Stephen Sondheim im Berliner Theater des Westens übernommen.

Ich habe Renate Holm immer für eine ganz große Künstlerin gehalten und darüber hinaus für eine bezaubernde Frau. Ich fand ihren Stil immer höchst persönlich und originell. „Wie die Holm" – das gibt es nicht. Es gibt eben „die Holm". Die bezauberndste wienerische Berlinerin aller Zeiten. Ich wünsche ihr noch eine sehr große Zukunft und bin überzeugt, daß sie uns allen noch sehr viel zu geben hat.

Marcel Prawy — Wien, im September 1991

Cho-Cho-San darf nicht weinen

In meinem Leben hat es viele Dinge gegeben, den Ruhm, die Liebe; aber nichts hat die Arbeit aufgewogen, nichts wiegt sie noch heute auf.

Meissonier

Es war an einem trüben Sonntag im Jahre 1943. Ich erinnere mich noch an viele Einzelheiten, denn an diesem nebeligen, regenverhangenen Nachmittag in Berlin-Tempelhof, wo wir damals wohnten, sollte sich für mich die Welt grundlegend verändern.

Es hatte Zeugnisse gegeben, und meines war recht gut ausgefallen. In Deutsch und Musik hatte ich sogar eine Eins. Meine Mutter, die meine Kindheit mit viel Verständnis, aber auch unerbittlicher Strenge dirigierte, hatte mir zur Belohnung eine Kinokarte geschenkt, nicht etwa das Geld, mit dem ich vielleicht auch etwas anderes hätte anfangen können – nein, die Karte für ein bestimmtes Kino, einen bestimmten Film, eine bestimmte Vorstellung. Ich sah die Verfilmung von Puccinis „Madame Butterfly" mit Maria Cebotari. Es war die erste Oper in meinem zwölfjährigen Leben. Hat meine Mutter gewußt, was sie tat, als sie mich gerade in diesen Film schickte? Konnte sie damals schon ahnen, wie nachhaltig dieses Kino-Erlebnis auf mich wirken würde?

Als der Film vorüber war, trat ich völlig benommen aus dem Dunkel des Saales in den diesigen Sonntagnachmittag hinaus. Ich sah und spürte nicht die Menschen, die mit mir aus dem Kino herauskamen, stehen blieben, redeten, sich verabschiedeten voneinander und nach rechts oder links davoneilten.

Ich machte mich auf den Heimweg, zwanzig Minuten

Mit 17 hat man noch Träume.

Maria Cebotari, ein unvergeßlicher Eindruck.

durch die feuchten Tempelhofer Straßen, und dabei liefen mir unentwegt die Tränen über die Wangen. Ich heulte vor Ergriffenheit und Sehnsucht. Es war nicht nur das traurige Schicksal der Cho-Cho-San, das mich so aufwühlte; es war vor allem die Musik, dieser Strom herrlicher Melodien und die unvergleichliche Stimme der Cebotari. „Lieber Gott!“, schluchzte ich in mich hinein, „lieber Gott, laß mich eine Sängerin werden!“

Seit damals weiß ich und bin bis heute fest davon überzeugt: Wenn sich ein Wunsch ins Herz und in die Seele tief eingräbt, dann erfüllt er sich eines Tages. Viele Jahre später, längst hatte sich mein sehnsüchtiger Wunsch, Sängerin zu werden, erfüllt, und die konkrete Erinnerung an diese erste „Butterfly“ war schon verblaßt, sah ich mich noch immer durch die regennassen Straßen Tempelhofs gehen und meinen plötzlich erwachten Wunschtraum unter Tränen vor mich hin flüstern. Die Rolle der Butterfly habe ich später nie auf der Bühne gesungen, dafür war meine Stimme, was ich damals noch nicht wissen konnte, nicht dramatisch genug. Als ich später dann begann, Gesangsunterricht zu nehmen, war jedoch die Butterfly die erste Partie, die ich einstudierte.

Im Herbst 1950 nahm meine Mutter mich an die Hand, um eine Freundin von ihr zu besuchen: Waltraud Waldeck. Sie war Sängerin, hatte aber nach ihrer Heirat die Karriere aufgegeben und gab seitdem Gesangsunterricht.

Schon in der Schule war meine Naturstimme aufgefallen, und so war es eigentlich nicht ungewöhnlich, daß meine Mutter von ihrer Freundin wissen wollte, ob die Stimme tatsächlich für eine Karriere als Sängerin reichen würde. Sängerin zu werden, war zwar mein sehnlichster Wunsch, aber dieser Wunsch war damals mehr Traum als Realität. Ich träumte davon, eine große Operndiva zu sein, posierte heimlich vor dem Spiegel, umhüllt und drapiert mit Bettlaken und Tüchern. Doch den Anstoß, diesen Traum tatsächlich an den Möglichkeiten meiner Stimme zu messen, den gab erst meine Mutter, als sie mich zu Waltraud Waldeck brachte.

Ich glaube, ich war nicht einmal besonders aufgeregt. Ich sang ein paar Vokalisen, trällerte die Tonleiter rauf und runter und hatte selbst keine genaue Vorstellung, wie meine Stimme wirklich war. Würde sie überhaupt ausreichen, um sie ausbilden zu lassen?

„Ja, Renate", sagte die Waldeck nach einer Weile, „du hast tatsächlich eine herrliche Naturstimme. Aus dir mache ich eine große Opernsängerin. Aber – wir werden jeden Tag lernen müssen. Jeden Tag! Und eines Tages wirst du die Königin der Nacht singen."

Sieht man einmal davon ab, daß in der „Zauberflöte" nicht die Königin der Nacht meine Partie wurde, sondern die Papagena, so sollte sie doch nach unserer ersten Begegnung recht behalten. Und damit war mein Leben entschieden.

Ich ging nun täglich zu ihr und nahm eine Stunde Unterricht, und selbstverständlich war die erste Partie, die sie mit mir einstudierte, die Cho-Cho-San aus „Madame Butterfly". Sie war eine hervorragende Lehrerin, der ich viel verdanke, ein warmherziger, gütiger Mensch. Alle ihre Schüler wären für sie durchs Feuer gegangen.

Freitags hatte sie ihr Damenkränzchen. Da kamen zwischen fünf oder acht Freundinnen und Bekannte zu ihr, und an diesen Abenden hatten hin und wieder ihre Schüler Gelegenheit, zu zeigen, was sie konnten, ein erstes Auftreten vor Publikum. Auch ich durfte hier, nach etwa drei Monaten Unterricht, zum ersten Mal vor den versammelten Damen singen. Und was sang ich? Natürlich die Cho-Cho-San.

Von allen Schülern, die an diesem Freitag auftreten sollten, war ich die aufgeregteste. Zum ersten Mal hatte ich furchtbares Lampenfieber, ein mir bis dahin völlig unbekanntes Angstgefühl, das mich mein ganzes Sängerleben nicht mehr verlassen sollte.

Die Waldeck hatte einen sehr schönen Mezzosopran, und

so begannen wir gemeinsam mit dem Blüten-Duett Suzuki-Butterfly. Mein Lampenfieber schien verflogen, ohne Schwierigkeiten sang ich anschließend die große Butterfly-Arie. Und als letztes kam die Szene, in der Butterfly von ihrem kleinen Sohn Abschied nimmt, um Selbstmord zu begehen. Damit es realistischer wirkte, drückte mir die Waldeck ein Sofakissen in die Arme. Es sollte meinen kleinen Sohn darstellen.

Ich begann zu singen, drückte mein „Kind" voller Verzweiflung und Trauer an mich und sang mit solcher Hingabe, daß dem ganzen Damenkränzchen bald die Augen feucht wurden. Und dann, nach etwa 24 Takten, hatte die Ergriffenheit meiner Zuhörerinnen auch mich erfaßt. Ich begann zu schlucken und zu schluchzen und – plötzlich – war meine Stimme weg. Ich konnte nicht mehr weitersingen. Verzweifelt preßte ich das Sofakissen an die Brust. Ich war fassungslos. Es entstand eine Stille, die mir endlos erschien.

Ich beruhigte mich erst, als die Waldeck aufstand, zu mir kam, mich und das Sofakissen in den Arm nahm und dann sagte: „Meine liebe Renate, eines mußt du dir für dein ganzes

Nur im Fernsehen sang ich die Butterfly-Arie:
1961 in der Lou-van-Burg-Show.

Leben als Sängerin merken: Das Publikum ist es, das weinen darf, das ergriffen sein soll. Du – du mußt singen! Cho-Cho-San darf nicht weinen! Für dich gibt es nur die Stimme. Denke immer daran."

Ich habe mich noch oft an diesen Vorfall erinnert, später, wenn ich auf der Bühne stand in heiteren oder tragischen Rollen und mir bewußt machte: Vor jeder Emotion steht die Technik des Singens, vor jedem Lachen oder Weinen, das die Rolle verlangt, steht die Selbstdisziplin.

Auf der Suche nach der Kindheit

Es kommt im Leben bloß aufs Tun an, das Genießen und Leiden findet sich von selbst.

Goethe

Im Frühjahr 1970 hatte ich Schallplattenaufnahmen in Berlin. Wann immer es meine Zeit erlaubte, besuchte ich meine Mutter. Sie wohnte etwas weiter draußen, in Spandau, wo ich ihr seinerzeit von meiner ersten größeren Gage ein kleines Tabakwarengeschäft gekauft hatte. Es war mein letzter Nachmittag in Berlin, die Aufnahmen waren abgeschlossen, und am nächsten Morgen würde ich nach Wien zurückfliegen.

Wir tranken Kaffee, redeten über dies und das, und anschließend ging ich in die Küche und wusch wie früher das Geschirr ab. Im Badezimmer sah ich, daß keine Kohlen mehr da waren. Eigentlich gab es in der Wohnung Ölheizung, nur der Badezimmerofen wurde wie eh und je mit Briketts gefüttert. So ging ich in den Keller, um einen Eimer Kohlen heraufzuholen.

Der Keller sah so aus, wie Keller aussehen, in denen man im Laufe der Jahre alles abstellt, was man nicht mehr braucht, aber glaubt, unbedingt aufheben zu müssen. Eine ganze Vergangenheit steht da im Wege, Erinnerungen liegen wie Kraut und Rüben durcheinander: ein Karton mit alten Schuhen, eine Kiste mit Schul- und Kinderbüchern, das altmodische Fahrrad, mit dem ich noch zur Schule geradelt bin. Viel Vergessenes lebt hier noch unter Staub und Spinnweben.

Hinter den aufgestapelten Briketts entdeckte ich ein Bild, verstaubt, schmutzig und mit dem Gesicht zur Wand. Ich zog es hervor und konnte es nicht fassen: Es war ein Ölbild, das meine Mutter vor vielen Jahren hatte malen lassen, um es meinem Vater zu schenken. Es ist ein Porträt von mir im zarten Mädchenalter von vielleicht sechs Jahren.

Früher in Tempelhof hatte es in unserem kleinen Wohnzimmer gehangen, und als mein Vater uns verließ, blieb das Bild zurück. Auch als meine Mutter später nach Spandau umzog, hatte sie es wieder aufgehängt. Aber nun plötzlich stand es hier hinter den Kohlen im Keller, dunkel, schmutzig, verbannt.

Eine Weile betrachtete ich es bei dem trüben Kellerlicht und beschloß, es mit hinaufzunehmen. An diesem Tag und auch später habe ich meine Mutter nie gefragt, warum sie das Bild von der Wand genommen und in den Keller getragen hatte. Vielleicht war es die Ähnlichkeit, die ich auf dem Bild mit meinem Vater hatte? Versuchte sie doch seit Jahren alle Erinnerungen an ihn aus ihrem Leben zu verbannen. Aber an diesem Tag wollte ich es gar nicht wissen. Während ich die zwei Stockwerke zur Wohnung hinaufstieg, in der einen Hand den Kohleneimer, in der anderen das Bild, versuchte ich eine grenzenlose Enttäuschung zu überwinden.

So beiläufig, so harmlos, wie ich konnte, sagte ich: „Schau, was ich da gefunden habe! Das Bild stand hinter den Kohlen. Ich möchte es gerne in Wien aufhängen."

„Ja, natürlich", sagte sie, „du kannst es dir ruhig mit nach Hause nehmen."

Es war das erste und durch lange Jahre hindurch einzige Bild, das ich von mir in meiner Wohnung aufgehängt hatte. Später richtete ich in meinem Arbeitszimmer eine Wand ein, an der die Stationen meiner Sängerlaufbahn in Fotos dokumentiert sind. Doch dieses Bild, das ein Stück meiner Kindheit ist, hat einen Ehrenplatz bekommen.

Manchmal, wenn ich es betrachte, fallen mir Szenen aus meiner Kindheit und Jugend ein, die ich längst vergessen hatte. Wir wohnten in der damals noch wenig befahrenen Alboin-

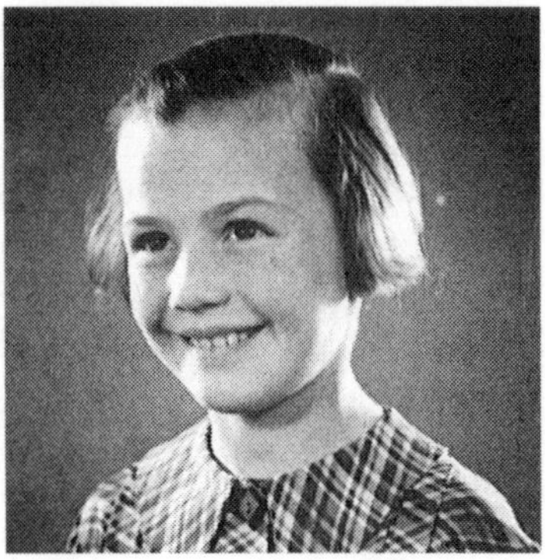

So alt war ich, als meine Mutter mich malen ließ.

Beim „Krieg der Kinder" habe ich natürlich nicht so brav ausgeschaut.

straße, auf deren glatten Asphalt man herrlich Rollschuhlaufen konnte. Nicht weit davon liegt der Lindenhof. Dort gab es ein großes freies Areal, auf dem fast täglich der „Krieg der Kinder" stattfand. Vom großen Krieg, der damals gerade ausgebrochen war, merkten wir in Berlin noch wenig. Dafür spielten wir unseren eigenen.

Treffpunkt war der Buddelkasten, da wurden die Kompanien zusammengestellt. Natürlich waren das alles Jungen, und nur wenige auserwählte Mädchen durften mit den Kämpfern ins Feld ziehen und ihnen die Munition in Form von Kieselsteinen sammeln und bringen. Selbst den Feind mit den Kieselsteinen angreifen durften wir natürlich nicht, denn wie alle Jungen waren auch die aus Berlin-Tempelhof überzeugt, daß Mädchen nicht werfen können. Außerdem mußten wir Mädchen das Rote Kreuz darstellen und hatten die „Verwundeten" zu verbinden.

Daß ich beim „Krieg der Kinder" immer als erste dabei war, hatte noch einen zweiten, eher organisatorischen Grund, und der war meine durchdringende Stimme, die man überall auf dem „Schlachtfeld" hören konnte.

Darüber hinaus mußten wir natürlich jeden Tag in die Schule gehen, das war eine lästige Zeitvergeudung. In der Rolle der Soldatenbraut gefiel ich mir viel besser. Ein wesentlicher Zweck der Schule war dann auch, sich in der Pause auszumachen, wann die nächste „Schlacht" stattfinden würde.

Daß ich trotzdem nicht die Schule vernachlässigte oder gar schwänzte, darauf achtete mein persönlicher „General". Keine freie Stunde, kein Kriegspielen erlaubte mir meine Mutter, bevor ich nicht die Hausaufgaben erledigt hatte, und zwar tadellos. Oft standen die „Kriegskameraden" eine Stunde vorm Haus und riefen immer wieder „Renate! Renate!", während ich drinnen meinen Hausaufsatz zum vierten Mal abschreiben mußte.

In besonderen Fällen gab es Hausarrest, und die Kameraden mußten ohne mich in den Krieg ziehen. Das war natürlich schmerzlich, aber von heute aus gesehen sicher in vielen Fällen richtig. Die Disziplin und Korrektheit, zu denen meine Mutter mich erzog, sind mir in meinem Leben – auch und besonders als Sängerin – sehr zustatten gekommen. Ohne Disziplin und das daraus resultierende Verantwortungsgefühl hätte ich manche Situation viel schwerer oder gar nicht gemeistert.

Erzogen hat mich allein meine Mutter, und das mit konsequenter Strenge, wohl auch aus dem Grund, weil mein Vater in dieser Hinsicht völlig ausfiel. In der Erziehung mußte sie Vater und Mutter zugleich sein.

Mein Vater war ein stiller, eher bescheidener, gutmütiger Mann. Er stammte aus einer Weingroßhändlerfamilie und war das, was man in Wien liebevoll einen stillen Zecher nennen würde. Jeden Tag trank er seine gewohnte „Molle mit Korn", aber gemerkt hat man es nie. Ich kann mich nicht erinnern,

Mein Vater als Soldat . . .

. . . und in späteren Jahren.

meinen Vater je betrunken oder nur laut erlebt zu haben. Ich glaube, aus einer tiefen Resignation heraus war er so etwas wie ein Philosoph, der die alltäglichen Aufregungen der Welt nur belächeln konnte.

Als Obergefreiter in Polen hatte er viel gesehen, viel erlebt und viel erlitten und war zweimal ganz knapp dem Tode entkommen. Ohne Zweifel war daraus sein Pessimismus und seine tiefe Resignation dem Leben gegenüber entstanden. Er war kein Kämpfer.

Als er später an Krebs erkrankte, klagte er nicht und wehrte sich auch nicht dagegen. Mit 72 Jahren starb er unter unerträglichen Schmerzen.

Natürlich habe ich diesen Vater, der ein extremer Kontrast zur mütterlichen Willensstärke und Tatkraft war, abgöttisch geliebt. Es war die Liebe eines Kindes, die um manches im Leben (und wie ich heute weiß, auch in seinem Leben) nicht wußte und wissen konnte. Meine bedingungslose Zuneigung zu ihm mag meine Mutter geschmerzt haben und verstärkte vielleicht noch die Strenge, mit der sie mich erzog.

Ich werde nie vergessen, wie sie mich bei der ersten Lüge ertappte: Vom Balkon aus hatte sie zufällig beobachtet, wie ich kurz vor der Haustür mein Butterbrot, das sie mir für die Schule mitgegeben hatte, ins Gebüsch warf und mir dafür rasch einen Bonbon in den Mund steckte.

Butterstulle war gut. Süßigkeiten waren nur in Ausnahmefällen erlaubt.

Als ich zur Tür hereinkam, fragte sie: „Hast du dein Butterbrot gegessen?"

„Ja, Mutti."

„Hast du es wirklich gegessen?"

„Ja, natürlich." Und ich schielte auf den Lederriemen, der, solange ich denken konnte, wie zur Abschreckung immer an der Garderobe hing.

„Und jetzt hast du einen Bonbon im Mund?"

Mit meiner Mutter während des Krieges.

„Nein –", sagte ich kleinlaut und versuchte den Bonbon unauffällig unter der Zunge zu verstecken.

„Du hast wirklich keinen Bonbon im Mund?"

„Nein."

Ich schüttelte vorsichtig den Kopf.

„Mach den Mund auf!"

„Haa –. Ich hab' wirklich keinen Bonbon . . ."

In diesem Augenblick klatschte es auf meine linke Wange, und ich bekam so lange Ohrfeigen – links und rechts –, bis der Bonbon in hohem Bogen aus dem Mund flog.

Strafe, die beschämt und schmerzt. Aber am schmerzlichsten traf mich der Satz, der dabei fiel: „Dir treib' ich deinen Vater mit seinen Lügen aus!"

In den Augen meiner Mutter war mein Vater ein ganz anderer Mensch, als er mir in meiner kindlichen Zuneigung erschien. Für sie war er der verwöhnte, leichtlebige Sohn aus großbürgerlichem Haus, immer im Maßanzug und mit einer Krawatte nach der letzten Mode. So hatte sie ihn jedenfalls kennen- und liebengelernt. Aber die Wesensunterschiede waren unüberbrückbar gewesen, und als die Ehe schließlich scheiterte, war sie überzeugt, von ihm betrogen und belogen worden zu sein. Jetzt verband sie instinktiv die Strafe für meine Lüge mit den Lügen meines Vaters. Sie wollte, daß ich nie so werde, wie er: wie mein Vater!

Und doch gab es etwas Gemeinsames, was meine Eltern verband: die Musik. Mein Vater spielte gern Klavier, und meine Mutter hatte von ihrer Großmutter, die unter dem Namen Ferrari seinerzeit eine bekannte Opernsängerin gewesen war, eine schöne, wenn auch ungeschulte Sopranstimme geerbt. Es waren die harmonischsten Stunden meiner Kindheit, wenn meine Mutter meinen Vater bat, sich ans Klavier zu sezten, und er etwas von Lehár oder Grieg spielte.

Manchmal sangen sie gemeinsam, und ich hörte zu und war selig. Das ist auch der Grund, weshalb ich selbst seit meiner Kindheit das Bedürfnis habe, die Harmonie einer Situation oder Stimmung durch eine bestimmte Musik herzustellen.

Manchen wird es verwundern, daß ich als Sängerin in solchen Fällen Instrumentalmusik vorziehe, vor allem Mozart, etwa das Klavierkonzert KV 467, oder die V. Symphonie von Anton Bruckner.

Ganz anders ergeht es mir, wenn ich in meinem Haus auf dem Lande bin: Sonntags zu Mittag gibt es bei mir zu Volksmusik und ländlichen Zitherklängen meistens ein einfaches, rustikales Essen, was selbst bei meinen verwöhntesten Gästen sehr beliebt ist. Und ich habe eine Reihe von Freunden, die die 60 km Fahrt von Wien in die Mühle in Kauf nehmen, um Renates selbstgemachten Liptauer und Grammelschmalz mit hauseigenem Landbrot zu genießen, nicht zu vergessen – der selbstangebaute Knoblauch. Auch die Liebe zur einfachen Kü-

In Großmutters
Garten-Paradies . . .

. . . durfte ich in
der Zinkwanne
planschen.

che ist ein Relikt aus meiner Jugend. Meine Mutter war eine fabelhafte Köchin, und nie wieder im Leben habe ich – wie in meiner Kindheit – so herrlich schmeckende Bratheringe oder Kartoffelpuffer gegessen, ganz zu schweigen von ihren Kohlrouladen.

Meine Kindheit wurde schließlich noch durch einen dritten Menschen geprägt, die väterliche Großmutter. Diese heißgeliebte Oma tritt immer ein wenig klein und eingeschrumpft in meine Erinnerung, vielleicht weil sie, ständig ein wenig vorgebeugt, den Ansatz eines kleinen Buckels hatte. Sie trug bodenlange Kleider, ihr Haar war völlig weiß, glatt am Kopf zurückgekämmt und mündete hinten in einen kleinen Knoten. Darüber trug sie stets ein Haarnetz.

Alles an meiner Großmutter war irgendwie klein, mit Ausnahme der Liebe und Güte, die sie ausstrahlte. Sie wohnte in Wilmersdorf, und auch der Garten, der für mich der wichtigste Teil des großmütterlichen Hauses war, ist mir eher klein, dafür aber verwunschen und sonnig in Erinnerung. In Großmutters Garten mit der alten Zinkwanne, in der ich im Sommer nach Herzenslust planschen durfte, gab es keine mütterliche Strenge und Disziplin. Es war ein anderes, ein sonntägliches Reich meiner Kindheit.

Zwischen den vielen Obstbäumen und zum Teil wildwachsenden Blumen hatte ich die erste Begegnung mit der Natur, und es entstand die große Liebe zu allem, was damit verbunden ist. Noch heute sehe ich diesen blühenden Garten vor mir und meine kleine Oma darin, von der ich versucht bin zu sagen: Das war eine Oma, wie es heute keine mehr gibt. Aber das liegt wohl nur daran, daß sie nun schon so lange in einem ganz anderen Garten da oben im Himmel sitzt.

Spätestens als ich elf Jahre alt wurde, kam das unwiderbringliche Ende dieser Kindheit. Meine Eltern trennten sich endgültig und reichten die Scheidung ein. Dreimal schon war mein Vater in den letzten zwei Jahren ausgezogen, und immer wieder hatte ich ihn mit Bitten und Flehen unter unendlichen Tränen zur Rückkehr bewegen können. Und jedesmal hatte meine Mutter diese Rückkehr akzeptiert. Diesmal war es endgültig.

Es war das Jahr 1944. Aus unserm „Krieg der Kinder" war blutiger, hautnaher Ernst geworden, denn die Bombenangriffe auf Berlin nahmen ständig zu. Meine „Kriegskameraden" verschwanden einer nach dem anderen, weil sie mit ihren Müttern aus Berlin evakuiert wurden. Das Spiel war aus.

Wenn ich heute zurückdenke, so erkläre ich mir meine damalige Begeisterung für den „Krieg der Kinder" als ein Phänomen der Zeit. 1941/42 sprachen alle von einem Krieg, der weit weg an der Front stattfand. Aber was und wo diese „Front" eigentlich war, das wußten wir Kinder nicht und konnten uns darunter wenig vorstellen. Aus dem Radio hörte man Tag für Tag neue „Siegesmeldungen". Noch 1943/44 vermochten viele Menschen nicht zu unterscheiden, was Propaganda und was die Wahrheit war. Wie hätten wir Kinder das tun sollen?

Ich war damals stolz, als Mädchen an diesen Jungen-Spielen teilnehmen zu dürfen. Aber das lag gewiß mehr an meiner Neugier und Aufgewecktheit als an einer nachvollziehbaren Begeisterung für den Krieg, den wir uns in seiner schrecklichen Wirklichkeit gar nicht vorstellen konnten.

Es war auch keineswegs so, daß an mir ein Junge verlorengegangen wäre. Ich war eher stolz darauf, als Mädchen von den Jungen bei ihrem Spiel anerkannt zu werden. Ja, sie hatten regelrechten Respekt vor mir. Es war die Erfahrung eines mir neuen Gefühls, das ich instinktiv mit Macht verband. Auch ich hatte ja Respekt vor meiner Mutter. Vielleicht war es mir deshalb in meinem Leben immer wichtig, als Frau und als Künstlerin respektiert zu werden.

Damals war ich ein Mädchen, liebte meine Puppen, war sogar eine leidenschaftliche Puppenmutti – und eben ein Mädchen wie alle Mädchen im Alter zwischen sechs und elf Jahren.

Deshalb wollte ich auch wissen, wie es ist, eine Dame zu sein. Wenn ich allein zu Hause war, konnte es geschehen, daß ich mir rechts und links zusammengezogene Söckchen in Brusthöhe ins Kleid steckte und mich – im Profil vor dem Spiegel – mit meinem Söckchen-Busen unbeschreiblich hinreißend fand. Ich spielte den Star und lächelte mir, immer etwas von oben herab, wohlwollend zu. Dabei mußte ich aufpassen, daß ich nicht aus den viel zu großen Pumps meiner Mutter kippte oder mir mein Söckchen-Busen durch eine heftige Bewegung bis zum Gürtel hinunterrutschte.

An solche Auftritte erinnere ich mich nur bis zu meinem elften Lebensjahr. Die Ereignisse dieses Jahres beendeten den Abschnitt meiner Kindheit. Mein Vater hatte die gemeinsame Wohnung in der Alboinstraße 85 verlassen. Und nun wurden auch meine Mutter und ich, wie schon einige meiner Spielkameraden, evakuiert. Wir kamen nach Ragow, einem winzigen Ort im Spreewald, und ich besuchte von da an im benachbarten Lübben die Paul-Gerhardt-Schule.

Ragow war ein Dorf mit maximal 300 Einwohnern und sechs Kilometer von Lübben entfernt. Ich fuhr also jeden Freitag nach der Schule mit dem Rad von Lübben nach Ragow. Von Montag bis Freitag lebte ich mit einer Schulkollegin in einem kleinen Untermietzimmer.

Die Wochenenden in Ragow sind mir bis heute unvergeßlich. Dank dem Organisationstalent meiner Mutter, die rechtzeitig vorgesorgt hatte und eine Kuh anschaffte, brauchte ich keinen Hunger zu leiden. Ich lernte melken, und wir hatten ständig Milch und Butter, die wir auch selber machten.

Das war mitunter sehr lustig, denn wenn man die Sahne, die eine Woche lang gesammelt wurde, mit dem Butterstampfer schlug, war es jedesmal ein spannender Moment, weil das Resultat nicht immer Butter wurde, sondern wenn die Sahne zu kalt war, hatten wir nach vier Stunden Stampfen Schlagsahne statt Butter . . . Heute noch versuche ich, wo immer ich kann, zu eigener Landbutter zu kommen.

Die Paul-Gerhardt-Schule in Lübben/Spreewald.

Meine Mitschülerinnen und ich (x) 1949 in Lübben.

Desgleichen hatte meine Mutter ein Stück Land gepachtet, wir hatten Kartoffeln und Gemüse, ernteten alles selber, und es machte mir einen Riesenspaß!

Bis heute sind mir die Arbeiten auf dem Land lieb und vertraut, und immer, wenn es meine Zeit erlaubt, genieße ich heute in meiner alten Mühle das einfache Leben auf dem Land, im engen Kontakt mit der Natur und den Tieren.

Die Schule in Lübben war eine staatliche Oberschule für Jungen. Gemischte Gymnasien, wie sie heute die Regel sind, gab es damals noch kaum. Nach der gemeinsam besuchten Volksschule kam man entweder auf eine Jungen- oder Mädchen-Oberschule. Aber es war Krieg und die Auswahl an Gymnasien in dieser ländlichen Gegend gering.

Mir machte das wenig aus, denn ich war den Umgang mit Jungen seit unserem „Krieg der Kinder“ gewohnt. Außerdem war ich keineswegs das einzige Mädchen dort.

Die Zeugnisnoten, die ich aus der Lübbener Jungen-Schule nach Hause brachte, konnten in der Regel vor dem gestrengen Auge meiner Mutter bestehen. In Musik hatte ich immer eine Eins und oft auch in Deutsch. Weniger schmeichelhaft waren die allgemeinen Bemerkungen über Aufmerksamkeit und Betragen: „Sie neigt jedoch zum Schwatzen und ist leicht abgelenkt. Auch ihr Betragen ist nicht immer einwandfrei“, stand da zum Beispiel.

Doch gewisse Verdienste erwarb ich mir schon damals dank meiner Stimme. So hatte ich großen Erfolg bei Lehrern und Eltern, als ich mit 14 Jahren das Sopransolo in Haydns „Vier Jahreszeiten“ sang.

Das hatte zuletzt auch Einfluß auf die allgemeine Beurteilung durch meine Lehrer. Im Abgangszeugnis vom 18. Juli 1949 konnte man lesen: „Ihr Betragen war sehr gut. Sie nahm rege am Unterricht teil. Ihr musikalisches und deklamatorisches Können hat sie bereitwillig bei Veranstaltungen der Schule eingesetzt.“

Als der Direktor der Paul-Gerhardt-Schule mich nach dem Abitur verabschiedete, sagte er ernst und eindringlich: „Weißt du, Renate, du mußt unbedingt Gesang studieren!" Das war etwas, was ich mir schon selbst fest vorgenommen hatte.

Die Zweite von links

Jeder muß bei sich selber anfangen und zunächst sein eigenes Glück machen, woraus denn zuletzt das Glück des Ganzen unfehlbar entstehen wird.

Goethe

Das Jahr, in dem ich die Schule in Lübben abschloß, brachte noch einen weiteren Einschnitt in mein Leben: Wir zogen wieder nach Berlin. Noch konnte man sich zwischen West und Ost relativ frei bewegen, Berlin war noch nicht die eingeschlossene Insel, die sie eines Tages durch die Blockade werden sollte.

Im Westteil der Stadt begann sich nach der Währungsreform das Leben langsam wieder zu normalisieren. Aber die Folgen des Krieges waren noch immer deutlich zu spüren: Der Wiederaufbau begann nur zögernd, und die Versorgungslage war noch so, daß man manche Lebensmittel oft nur für gutes Geld auf dem schwarzen Markt bekommen konnte. Im Spreewald war es uns verhältnismäßig gutgegangen, zumindest hatten wir dank dem Organisationstalent meiner Mutter nie zu hungern brauchen. Aber in Berlin hatten wir jetzt keine Kuh mehr, die uns mit Milch und Butter versorgen konnte.

Doch 1949 mußten wir nach Berlin zurück. Dort herrschte Wohnungsnot, und wir hätten andernfalls den Anspruch auf unsere relativ unbeschädigte Wohnung verloren. Aber die Wohnung war auch schon alles, was uns in Berlin geblieben war.

Um von irgend etwas leben zu können, holte meine Mutter aus dem Spreewald Kartoffeln und verkaufte sie in Berlin auf dem Markt. Trotzdem hatte sich das Leben nach der Währungsreform wieder einigermaßen normalisiert, wenn wir auch in der zweigeteilten Stadt noch wenig vom westdeutschen Wirtschaftsaufschwung spürten.

Das Abitur hatte ich hinter mir, und mein sehnlichster Wunsch wäre es gewesen, Säuglingsschwester zu werden. Aber ich mußte etwas lernen, wo ich auch während der Ausbildung ein wenig verdienen würde. So kam ich zu einer Zahnärztin in die Lehre, um später mein Diplom als zahnärztliche Helferin machen zu können.

Die Lehre bei Frau Dr. Wolfram, so hieß die Zahnärztin, war eine schlimme Zeit für mich. Für 45 Mark im Monat arbeitete ich täglich elf Stunden. Es gab von morgens bis abends keine freie Minute, dafür ständig Schelte und Schikane. Sie war eine Drachenfrau – schrecklich, heute noch daran zu denken.

Nach der halben Lehre glaubte ich, es nicht mehr aushalten zu können. Es war die Hölle. Unter Tränen bat ich meine Mutter, mir endlich zu erlauben aufzuhören.

„Da kann ich dir leider nicht helfen", antwortete sie. „Du kannst jetzt nicht mittendrin abbrechen. Das hast du durchzuhalten, darauf bestehe ich. Disziplin! Disziplin!"

Ich hielt also durch, doch mein gesundheitlicher und psychischer Zustand verschlimmerte sich. Ich bekam schließlich eine Gallenblasenentzündung, die ich nach Beendigung der Lehre auskurieren mußte.

Natürlich habe ich durch diese harte Lehre viel gelernt. Mit Glanz bestand ich mein Diplom als zahnärztliche Helferin, selbst wenn es sich dann zeigen sollte, daß ich diesen Beruf nur kurze Zeit ausübte. Aber ich lernte auch hart zu arbeiten, Glasflächen und Instrumente so perfekt zu putzen, daß ich darüber fast zu einem Sauberkeitsfanatiker geworden bin. Etwas davon ist noch bis zum heutigen Tag in mir, was manche Mitmenschen ein wenig anstrengend empfinden. Und außerdem lernte ich auch, mit unerhörten Streßsituationen fertig zu werden oder sie doch wenigstens zu überstehen.

Als ich mich nach Beendigung der Lehre von Frau Dr. Wolfram verabschiedete, sagte sie mir etwas, was mich fassungslos machte: „Mein liebes Kind, wenn Sie sich beklagen, daß ich so extrem streng zu Ihnen war, dann muß ich Ihnen sagen: Das haben Sie auch in gewisser Weise Ihrer Mutter zu verdanken. Als Sie damals bei mir anfingen, kam sie zu mir und sagte: Lassen Sie diesem Mädel nichts durchgehen! Nehmen Sie sie so streng Sie nur können an die Ohren!"

Wieder einmal hatte meine Mutter für eine harte Lebensschule gesorgt. „Na ja", meinte sie später, „es hat dir ja nicht geschadet, denn du bist ein braver, anständiger und tüchtiger Mensch geworden. Nur das zählt!"

Bis heute bin ich mir nicht sicher, in welchem Maße sie tatsächlich recht hatte mit ihrer strengen, autoritären Erziehung. Meine Mutter, die ihre eigene Mutter kaum gekannt hat und im Waisenhaus groß geworden ist, war immer eine besonders starke Frau, die im Leben und im Beruf ihren Mann stehen mußte. Bis zur Scheidung führte sie gemeinsam mit meinem Vater eine Vertretung für Fleisch- und Wurstwaren. Und als 1945 die ersten Besatzungssoldaten im Spreewald auftauchten, versteckte sie die jungen Mädchen des Ortes und trat den Russen so resolut entgegen, daß im ganzen Dorf nicht eine Vergewaltigung passierte, was ihr hohen Respekt bei allen Dorfbewohnern einbrachte.

Aber sie wollte auch geliebt werden, von ihrem Mann, von ihrem Kind – um jeden Preis, geliebt in ihrer Strenge und als Autorität. Vielleicht weil sie selbst als Kind niemanden hatte, an den sie Liebe hätte verschenken können. Aus der tiefen Enttäuschung, daß ihre Ehe gescheitert war, projizierte sie diese problematische Beziehung auf ihr Kind. Sie liebte mich mit einer nahezu abgöttischen Bedingungslosigkeit und übernahm dabei jede nur denkbare Verantwortung. Manche Geschenke sparte sie sich vom Munde ab, ob es die ersten Rollschuhe waren oder eine wunderschöne große Puppe mit echtem Haar. Auch wenn die Zeiten gleich nach dem Krieg allgemein schlecht waren, ich sollte es besser haben, als sie es gehabt hatte, mir sollte es an nichts fehlen – und so gesehen fehlte es mir auch an nichts. Sie tat alles, um mir eine glückliche Kindheit zu bereiten. Und sie war es auch, die später mein Talent zielbewußt förderte.

Aber sie wollte auch, daß ich dieser Liebe würdig sei, würdiger als es mein Vater gewesen war. Deshalb erzog sie mich mit eiserner Disziplin. Ich sollte nie so werden wie der Mann, der sie bitter enttäuscht hatte, der sie nicht verstanden hatte.

Sie litt an der Zuneigung, die ich für meinen Vater empfand. Dabei habe ich sie damals nicht weniger geliebt, aber gewiß auf andere Art als ihn. Für meine Liebe stand sie immer auf einem Podest, war sie unbestrittene Autorität. Ihr verdanke ich die wesentlichen Grundeinstellungen für mein Leben und meinen Beruf: Disziplin, Korrektheit und Fairneß.

Dennoch glaube ich heute, daß es nicht notwendig gewesen wäre, diese Autorität mit so unnachgiebiger Strenge durchzusetzen, Strenge, die sie nicht nur selbst ausübte, sondern – wie im Falle der Frau Dr. Wolfram – auch auf andere übertrug.

Nach meiner Diplomprüfung fand ich sehr schnell eine erste Stelle bei einem Zahnarzt, der mir die vergangenen Leiden meiner Lehre bald wie einen bösen Traum erscheinen ließen. Dr. Wende war ein höflicher und korrekter Chef, mit dem ich fast zwei Jahre aufs beste auskam.

Es war, als würde nun das Leben von neuem beginnen. Ich hatte die Schulzeit und vor allem die schreckliche Ausbildung hinter mir. Ich war neunzehn und hatte einen Beruf, mit dem ich etwas Geld verdiente. Etwas! Denn eigentlich war es noch zu wenig. Kurz bevor ich meine Stellung bei Dr. Wende antrat, war ich mit meiner Mutter bei Waltraud Waldeck gewesen. Und nun ging ich jeden Abend, wenn die Zahnarztpraxis geschlossen war, zu meiner Gesangsstunde. Fünf Mark kostete die Stunde, und das mußte ich mir verdienen. Mein Gehalt allein reichte dafür nicht aus. Mutter, die von meinem Vater 150 Mark Unterstützung im Monat erhielt, konnte da kaum aushelfen.

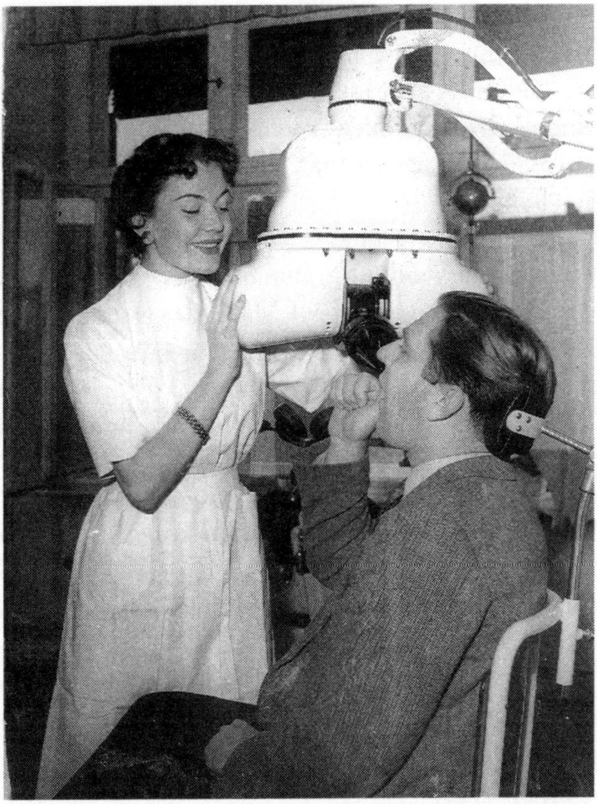

So verdiente ich mir das Geld für meine Gesangsstunden.

Einige Jahre zuvor hatte mein Vater zum zweiten Mal geheiratet, und jetzt hatte seine Frau, die kurioserweise wie meine Mutter ebenfalls Hildegard hieß, Zwillinge bekommen.

Die „zweite Hilde" war das ganze Gegenteil von meiner Mutter: sehr beherrscht, sehr cool und mir gegenüber äußerst reserviert. Erst viele Jahre später, nach dem Tod meines Vaters, sollte sich diese Beziehung zwischen Hilde und mir ändern. Von da an entwickelte sich langsam eine wunderbare persönliche Zuneigung von beiden Seiten. Sicherlich hatte diese Veränderung von meiner Seite auch damit zu tun, daß sie meinen schwerkranken Vater bis zu seinem Tode geradezu aufopfernd gepflegt hat. Ich habe ihr das hoch angerechnet.

Damals ging ich zweimal in der Woche zu Hilde und meinem Vater in die Wohnung, um zu putzen und Windeln zu waschen. Dafür bekam ich fünf Mark, das war jeweils wieder eine Gesangstunde.

Irgendwie war das meiner Mutter gar nicht recht, daß auf diese Weise der Kontakt Vater-Tochter aufs neue regelmäßig und intensiver wurde. Wenn ich dann heimkam, reagierte sie oft ärgerlich und ungerecht. „Du guckst schon wieder wie dein Vater! Du redest wie dein Vater!" sagte sie zur Begrüßung.

„Dann schick mich doch nicht hin, Mutti", antwortete ich jedesmal unter Tränen.

„Hör auf zu heulen! Leider brauchen wir das Geld."

Und so fuhr ich am nächsten Samstag wieder hin, um zu putzen und Windeln zu waschen.

Bald hatte ich noch eine andere Möglichkeit, mir fünf Mark für eine Gesangsstunde zu verdienen. Diesen Job in der Berliner Waldbühne hatte mir meine Mutter organisiert. Mit anderen Studenten lief ich bei Großveranstaltungen oder Premieren mit einem Bauchladen herum und verkaufte Süßigkeiten und Zigaretten. Das bedeutete zwei Stunden oder länger ständig hundert Stufen hinauf und hundert Stufen hinunter zu rennen und dabei mit kräftiger Stimme zu rufen: „Schokolade! Zigaretten! Saure Drops!"

Am nächsten Tag beim Zahnarzt taten mir zwar rechts und links die Hüften weh und ich hatte arge blaue Flecken von dem schweren Bauchladen, aber bis zur nächsten Veranstaltung in der Waldbühne waren sie wieder weg, und die Tortur konnte von neuem beginnen.

Trotzdem machte mir dieser Job sogar Spaß. Ich hätte es vielleicht sogar ganz normal gefunden, darin meinen „Beruf" zu sehen. „Egal, was man macht", sagte meine Mutter, „Hauptsache, man macht es gut!" Und: „Man muß im Leben alles können!"

Abwechslungsreich war es schließlich auch. Einmal gab es einen Riesenskandal. Es war während einer Boxveranstaltung, bei der „Sugar" Ray Robinson gegen Gerhard Hecht kämpfte. Als Robinson dem Deutschen einen Nierenschlag versetzte, erbebte die Waldbühne von dem wütenden Aufschrei des Publikums. Wenig später flogen die ersten Tomaten und noch einiges andere durch die Luft. Auch mich erwischte ein Treffer. Aber an diesem Abend war ich stolz, bei diesem „weltbewegenden" Kampf dabeigewesen zu sein.

Daß ich zwei Jahre später selbst auf dem Podium der Waldbühne stehen würde, bejubelt von 22000 begeisterten Zuschauern, das ahnte ich damals noch nicht. Noch viel weniger hätte ich geglaubt, daß ich irgendwo nicht als Opernsängerin, sondern als Schlagerstar auftreten würde. Denn noch war das Traumziel meiner Karriere die Butterfly oder die Königin der Nacht.

Aber im Spätsommer 1952 sollte alles ganz anders kommen. Der erste Teil meiner Entdeckung fand in einem verrauchten Dach-Café um Mitternacht statt:

Jeden Monat konnte man damals in Berliner Zeitungen auf eine Annonce stoßen: „Wir suchen Talente!" – Wir waren drei Mädchen, Schülerinnen von der Waldeck und alle drei überzeugt, so ein gesuchtes Talent zu sein. Also beschlossen wir, unsere sängerische bzw. schauspielerische Begabung bei einer Veranstaltung im Janika-Dachgarten, einem Tanzcafé über dem „Prälaten" in Berlin-Schöneberg, auszuprobieren. Dort stellte einmal im Monat der bekannte Conférencier Peter Rebhuhn junge unbekannte Künstler einem mehr oder weniger interessierten und amüsierten Publikum vor.

Um 18 Uhr sollten wir dort sein, und um 20 Uhr begann endlich die Veranstaltung. Mit mir zitterten lampenfiebernd Beatrice, eigentlich Schauspielschülerin und die Tochter von Waltraud Waldeck, und Inge, ebenfalls Waldeck-Schülerin und im Hauptberuf stellungslose Friseuse.

Mein Lampenfieber steigerte sich von Beginn an, und als ich endlich nach vier Stunden drankommen sollte, zitterte ich bereits wie Espenlaub. Schon damals bekam ich im letzten Moment vor Aufregung diesen schrecklich trockenen Mund, bei dem man plötzlich keinen einzigen Tropfen Spucke mehr hat. Dreißig Jahre lang kenne ich das nun schon, jedesmal kurz vor dem Auftritt bleibt mir vor Angst die „Spucke weg". Dabei war das Ganze eigentlich eher demütigend. Denn während sich vorne das jeweilige „Talent" bemühte, Aufmerksamkeit zu erregen, saßen die Leute an ihren Tischen, aßen, tranken, lachten, redeten dazwischen und qualmten, was das Zeug hält. Das änderte sich auch kaum, als ich auf das kleine Podium trat und mich schüchtern verbeugte. Also fing ich einfach an, in das Gemurmel und den Zigarettenqualm hinein zu singen.

Ich begann mit dem „Lied der Nachtigall" von Franz Grothe, und von Koloratur zu Koloratur wurde es im Zuschauerraum stiller. Schließlich war es so ruhig, daß man die sprichwörtliche Stecknadel hätte fallen hören können. Als ich geendet hatte, brach ein Sturm der Begeisterung los. Applaus, Bravorufe, Applaus.

Allein stand ich da oben auf dem Podium, versuchte zu lächeln und verbeugte mich immer wieder. Wie durch einen Nebel, der nicht allein vom Zigarettenqualm kommen konnte, hörte ich die Bravos und das Klatschen der Leute. Fast im Trance fühlte ich mich abgehoben von der Welt da unten. Diese Begeisterung gilt dir, dachte ich. So ist das also, wenn du singst, wenn die Menschen deine Stimme hören. Es war weniger der Erfolg, an den ich in diesem Augenblick dachte, es war eher die Bestätigung, daß ich diesen Menschen etwas gegeben hatte, daß ich etwas zu verschenken hatte, das sie glücklich machte.

Man hat mir in meinem Leben viele Komplimente wegen meiner Stimme gemacht, und es war nicht zur Höflichkeit, oft genug war die Bewunderung darin zu spüren. Das vielleicht witzigste und zugleich ehrlichste Kompliment kam von einem guten Freund nach einer hitzigen Diskussion, als er meinte: „Weißt du, Renate, es wäre manches leichter mit dir, wenn du, anstatt zu reden, lieber singen würdest – dann würde dir sicherlich keiner widersprechen, weil dir niemand widersingen kann!"

Viel reden mußte ich nicht, als ich damals im Janika-Dachgarten vom Podium herunterging. Alle kamen auf mich zu, redeten auf mich ein, schüttelten mir die Hand. Irgend jemand drückte mir eine Schachtel Konfekt in den Arm – das war der erste Preis. Auch meine Freundin Beatrice bekam Konfekt, sie hatte den zweiten Preis gewonnen.

Unvermittelt stand ein untersetzter Mann vor mir, randlose Brille und Zigarre im Mundwinkel. Er griff nach meiner Hand und schüttelte sie: „Sie haben Talent. – Ja. Vielleicht habe ich etwas für Sie. Rufen Sie mich an. Aber rufen Sie mich bald an!" Er drückte mir und Beatrice eine Visitenkarte in die Hand und war so schnell, wie er aufgetaucht war, auch wieder verschwunden.

Er hieß Heinz Hentschke und war der ungekrönte Operettenkönig von Berlin, damals noch ein Direktor ohne eigenes Theater. Für seine ersten erfolgreichen Produktionen mußte er immer wieder ein anderes Haus mieten. Er engagierte uns dann tatsächlich in zwei dieser Operetten – für den Chor. Die eine (längst vergessene) hieß „Die rote Isabell", aufgeführt im Metro-Palast in Neukölln, die andere war die „Hochzeitsnacht im Paradies" von Friedrich Schröder im Titania-Palast.

Der Chor, für den uns Hentschke verpflichtet hatte, bestand aus acht Mädchen, vier Soprane links und die anderen vier – Alt und Mezzosopran – rechts.

Während der Kostümprobe bin ich als „Zweite von links" ausnahmsweise einmal Mittelpunkt.

Sollte ich wirklich als „Zweite von links" jetzt zur Bühne gehen? Natürlich war das nicht gleich eine Hauptrolle, aber die könnte ja irgendwann noch kommen. Die meisten Sänger und Schauspieler hatten klein angefangen. Doch jetzt stand ich noch jeden Tag elf Stunden in der Zahnarztpraxis bei Dr. Wende. Das würde, schon wegen der Proben, dann kaum noch möglich sein. Ich mußte mich also entscheiden.

Aus dem Telefonbuch suchte ich mir die Nummer von Erna Berger heraus. Sie war eine der berühmtesten Sängerinnen ihrer Zeit gewesen, eine unvergessene Königin der Nacht. Für mich war sie ein Vorbild; eines Tages, davon war ich überzeugt, würde ich alle Partien singen, die sie auch gesungen hatte.

Ihr wollte ich vorsingen, von ihr wollte ich wissen, ob

meine Stimme so außergewöhnlich war, daß ich hoffen könnte, eines Tages Karriere zu machen.

Ich rief sie an, bekam einen Termin und fuhr hinaus nach Zehlendorf, wo sie wohnte. Natürlich sang ich wieder die Butterfly-Arie, außerdem die Königin der Nacht und das Nachtigallenlied. Dabei begleitete mich der bekannte Pianist Michael Raucheisen.

„Also, mein Kind", sagte sie, nachdem ich meinen Vortrag beendet hatte, „ich wäre froh gewesen, wenn ich in Ihrem Alter schon so die Königin der Nacht hätte singen können."

„Glauben Sie wirklich, ich sollte meinen Beruf aufgeben, um Sängerin zu werden?" Genau das wollte ich ja von ihr wissen.

„Sie können mit gutem Gewissen Ihrem Zahnarzt Lebewohl sagen. Das will ich gerne verantworten. – Nur, ich kann Sie nicht unterrichten, ich habe keine Zeit. Aber wissen Sie was, gehen Sie zu Maria Ivogün."

Bei dieser berühmten Koloratursängerin Schülerin zu werden, sollte mit dieser Empfehlung nicht mehr schwer sein, zumal der Pianist Michael Raucheisen, der mich begleitet hatte, mit ihr verheiratet war. Maria Ivogün war auch als Lehrerin sehr erfolgreich und hatte unter anderen Elisabeth Schwarzkopf und Rita Streich unterrichtet. So setzte ich mein Studium bei der Ivogün fort.

Gleich in der ersten Stunde versetzte sie meinem romantischen Ehrgeiz einen kräftigen Dämpfer. Sie war entsetzt, als sie erfuhr, daß ich bereits so schwere Partien wie die Butterfly, die Tosca oder die Leonore im „Troubadour" studiert hatte. Ganz streng bestand sie nun darauf, die Stimme wieder zu reduzieren: „Wenn du so weitersingst, Kindchen, bist du in zehn Jahren in großen stimmlichen Schwierigkeiten. Also – kleine Töne, zarte Töne, die Tiefe und die Mittellage sehr reduzieren! Aber immer in die Höhen hinauf! Wie ein Vogel!"

Sie lenkte meine Stimme in eine andere Richtung, in die des Koloratursoprans. Ade, Butterfly, ade, Tosca, Träume ade . . .

Von da an legte sie im Unterricht größte Bedeutung auf sehr

Mit der unvergessenen Lehrerin Maria Ivogün.

viel Piano und eine geradezu gestochene Koloratur. Für mich war es eine neue Herausforderung. Koloratursängerin ist wohl das schwerste Fach unter den Sängerstimmen. Nichts ist so heikel und braucht so viel Disziplin wie eine saubere Koloraturkadenz.

Der Unterricht bei der Ivogün schuf die Voraussetzung, daß mich wenig später die Kritik und das Publikum als die „Berliner Nachtigall" apostrophierten, woraus dann in Wiener Jahren das „Wiener Lercherl" werden sollte.

Dankbar muß ich meiner Lehrerin auch noch in einem anderen Punkt sein: Mit der Ivogün studierte ich bald nicht nur Opernpartien ein, sondern daneben auch die Lieder und Schlager, die ich in den nächsten Jahren singen sollte.

Eine schwierige Unterredung stand mir nun noch bevor: Ich mußte meinem lieben Dr. Wende gestehen, daß ich die ganze Zeit, während ich bei ihm gearbeitet hatte, abends noch zu meiner Gesangsstunde gefahren war und daß ich mich jetzt nicht für ihn, sondern für die Sängerlaufbahn entscheiden würde.

Die Enthüllung meines Doppellebens war ein ziemlicher Schock für ihn und eine herbe Enttäuschung. Er hatte geglaubt, daß mir der Beruf der Zahnarzthelferin Spaß macht, jetzt erfuhr er, daß es für mich kaum mehr als die Möglichkeit gewesen war, meinen Lebensunterhalt und mein Gesangsstudium zu finanzieren. Er war der Meinung gewesen, ich würde ihm ein Leben lang beim Zähnereparieren zur Seite stehen. So war er selbst keineswegs glücklich, als er mir beim Abschied Glück für meinen weiteren Lebensweg wünschte.

Zu diesem Zeitpunkt wußte ich nicht, daß die Geschichte meiner „Entdeckung" eigentlich noch erst kommen sollte. Vor allen Dingen wäre ich erstaunt gewesen, hätte mir in jenen Tagen jemand gesagt, welche Wendung die ganze Sache noch nehmen würde. Denn die Zweite von links in einer Operette, davon war ich überzeugt, war die erste – wenn auch kleine – Stufe auf der Karriereleiter zur Opernsängerin. Und das wollte ich unbedingt werden.

„Chi sa" – wer weiß?

Auch ist das Suchen und Irren gut, denn durch Suchen und Irren lernt man.

Goethe

Die Operettenproben eröffneten mir eine neue Welt. Zum erstenmal sollte ich auf einer richtigen Bühne stehen. Singen – ja, das konnte ich. Aber ich hatte nie Schauspielunterricht erhalten, und nun mußte ich lernen, mich ganz „natürlich" auf der Bühne zu bewegen. „Der Mensch lernt zweimal laufen", erklärte Hentschke kurz und bündig, „einmal nach der Geburt und ein zweites Mal, wenn er Bühnenschritte machen muß." Also lernte ich meine ersten Bühnenschritte zu machen.

So optimistisch blickte ich 1952 in die Zukunft.

Bei den Proben traf ich auf Karli. Genaugenommen hieß er Karl Knedel; als Komponist, Pianist oder Dirigent nannte er sich jedoch Carl Denell. Bei Hentschke verdiente sich Karli sein Geld vor allem als Korrepetitor und übte mit uns die Gesangsnummern ein.

„Weißt du, Renate", sagte Karli eines Tages, „du solltest es unbedingt mal beim Rundfunk versuchen. Beim Rias haben sie öffentliche Mikrophonproben. Warum singst du da nicht einmal vor?"

Sollte ich das wirklich schon wagen? Nach kaum mehr als zwei Jahren Gesangsunterricht? Der Rundfunk war das mit Abstand populärste und wirkungsvollte Medium. (Der Nordwestdeutsche Rundfunk – NWDR – hatte zwar in diesem Jahr mit der Ausstrahlung eines regelmäßigen Fernsehprogramms begonnen, aber wie viele Deutsche hatten damals schon einen Fernseher?) Beim Rundfunk singen zu wollen, erschien mir doch noch etwas größenwahnsinnig. Das war schließlich eine ganz andere Sache als ein verrauchtes Dachgarten-Café in Schöneberg. Außerdem hatten wir uns da zu dritt gemeldet, und zu dritt ist man mutiger.

„Ich kann ja mitkommen", meinte Karli. „Außerdem muß dich jemand am Klavier begleiten."

Er machte mir Mut, und so war es zuletzt eine beschlossene Sache, daß ich mich für die nächste öffentliche Mikrophonprobe beim Rias melden würde.

Es war ein sonniger, warmer Spätherbsttag Ende 1952. Ich hatte ein fast neues großgeblümtes Kleid an, das mir meine Mutter gekauft hatte, weil ich es so todschick gefunden hatte. Mir war ein wenig flau im Magen, als wir durch den Schöneberger Stadtpark Richtung Funkhaus gingen. Vielleicht wäre ich da noch umgekehrt, hätte ich nicht den zu allem entschlossenen Karli an meiner Seite gehabt. Im Gehen versuchte ich mich etwas einzusingen, räusperte mich, sang, räusperte mich, sang . . . Wieder einmal bekam ich schreckliches Lampenfieber.

Im Funkhaus standen oder gingen viele Leute herum. 21

Die erste Rias-Aufnahme mit
Adolf Wreege und seinem Streichorchester.

Bewerber hatten sich gemeldet, ich sollte als 17. drankommen. Wer weiß, ob mir dann überhaupt noch jemand würde zuhören? Beim Abitur war ich froh gewesen, als ich als eine der letzten an die Reihe kam, da konnte man schon mit der Müdigkeit der Prüfer rechnen. Aber hier war das anders. Daß Karli so erstaunlich ruhig blieb, machte mich noch nervöser. Na ja, auf ihn kam es auch nicht an. Er mußte nicht singen.

Endlich wurden wir in ein großes Studio geführt. Jemand zeigte mir das Mikrophon und wo und wie ich da hineinsingen müßte. Hinter einer großen Glasscheibe lauerten mehrere Leute, unterhielten sich lautlos und warfen ab und zu neugierige Blicke herüber. Was machten die da? Waren das Zuhörer oder Techniker oder beides? Alles war neu und ungewohnt für mich.

Karli und ich machten eine Probe. Wieder eilte jemand herbei. Ich sollte näher ans Mikrophon gehen – aber nicht zu nahe! Das Mikrophon wurde noch ein bißchen höher gestellt. Ich hatte eine trockene Kehle, räusperte mich und war aufgeregt. Endlich konnten wir tatsächlich beginnen.

Diesmal sang ich zuerst das Nachtigallenlied und anschließend die Butterfly-Arie. Als der letzte Ton verklungen war, blieb es einen Augenblick totenstill. Kein Applaus, keine lärmenden Bravorufe wie im Janika-Dachgarten. Aber schon ging das rote Licht aus. Und nun kamen mehrere Leute, die ich hinter der Scheibe gesehen hatte, ins Studio. Ein sympathischer Herr nickte freundlich und lächelte mir aufmunternd zu. Es war der Orchesterchef Werner Müller. Ein anderer dunkelhaariger kam auf mich zu.

„Ernst Verch!" stellte er sich vor. „Wollen Sie sich mal anhören, was Sie da gesungen haben?"

Natürlich wollte ich das. Karli und ich gingen in den Raum hinter der Scheibe, jemand schob uns Stühle hin, und das Band wurde abgespielt.

Es war das erste Mal, daß ich meine eigene Stimme hörte. Alle Töne stimmten, es war genauso, wie ich es gelernt und wie wir es eingeübt hatten. Es war gar nicht so schlecht, und ich war überrascht, wie lebendig es klang. Jedenfalls habe ich mir recht gut gefallen.

Den anderen gefiel ich offenbar auch. Man gratulierte mir, und einige Leute, die ich alle nicht kannte, zeigten sich regelrecht begeistert.

„Sie werden von uns hören", sagte Verch, „und zwar recht bald." Ich sah, daß Werner Müller zustimmend nickte. Froh und selig zogen Karli und ich ab. Im Stadtpark war mir überhaupt nicht mehr flau im Magen.

Kaum drei Wochen später kam der entscheidende Brief: „Aufgrund Ihrer Mikrophonprobe möchten wir Sie einladen, mit dem Streichorchester Adolf Wreege einige Aufnahmen zu machen."

Mit den Studioaufnahmen, die diesem Brief folgten, begann meine erste Karriere. Daß es so schnell sein würde, hatte ich nie gedacht. Natürlich löste der Brief vom Rias einen großen Jubel aus. Aber noch während ich die Zeilen ein zweites, ein drittes und viertes Mal las, mischte sich schon in die Freude das schreckliche Angstgefühl: „Wirst du es schaffen?" Und dieses quälende Lampenfieber ließ mich nie mehr los.

Dementsprechend aufgeregt war ich dann auch bei den ersten Aufnahmen mit dem großen Orchester. Erst als es vorbei war, wurde mir bewußt, wie geduldig und verständnisvoll alle, vom Dirigenten bis zum letzten Orchestermitglied, mit mir umgegangen waren. Kaum war der letzte hohe Ton verklungen, klopften sie mit den Geigenbögen aufs Pult und applaudierten mir. Und als Wreege, Verch und Müller mich anschließend umarmten, war die ganze Qual vergessen.

Ich war also „entdeckt"! Irritierend dabei war lediglich, daß mein Entdecker kein Operndirektor war, wie ich mir das immer vorgestellt hatte, sondern die Unterhaltungsabteilung des Rias Berlin in Gestalt von Ernst Verch und Werner Müller.

Rückschauend verbindet sich mit diesem Start beim Rias aber noch eine andere Merkwürdigkeit. Wie hätte ich damals ahnen können, daß schon nach wenigen Jahren beruflich und privat Wien der Mittelpunkt meines weiteren Lebens werden sollte? Dabei waren die beiden ersten Lieder, die ich mit dem Orchester Wreege aufnahm, wie ein Fingerzeig in Richtung Wien: „An der Donau, wenn der Wein blüht ..." und von einem Wiener Komponisten, Gustav Zelibor, „Ich hab' einen Schwips", das er nach der Mikrophonprobe für mich geschrieben hatte.

Mit dem Lied „An der Donau, wenn der Wein blüht" war ich dann auch zum ersten Mal im Rundfunk zu hören. Man hatte mich vom Rias angerufen und mir mitgeteilt, wann und in welcher Sendung mein Lied erstmals ausgestrahlt würde. Gespannt saßen wir vor dem Radio, auch Karli war gekommen, und warteten auf die Ankündigung der jungen Sängerin Renate Franke. So lautete nämlich mein richtiger Name, unter dem ich nicht nur im Janika-Dachgarten aufgetreten war, sondern unter dem ich auch die ersten Musikaufnahmen beim Rias gemacht hatte.

„Und nun", sagte die Ansagerin, „dürfen wir Ihnen eine junge Sängerin vorstellen, die heute zum ersten Mal für Sie im Rias singen wird. Sie hören die Stimme von Renée Franke!"

Wir waren wie vom Schlag gerührt, denn es folgte tatsächlich das von mir gesungene „An der Donau, wenn der Wein blüht", ein Lied mit vielen Koloraturen. Renée Franke!? So hieß ein damals gerade aufsteigender Stern am deutschen Schlagerhimmel, eine Chansonniere, die etwa zwei Oktaven tiefer sang. Mein Rundfunkstart begann also mit einer ebenso fatalen wie absurden Verwechslung.

Kaum war das Lied zu Ende, stürzte meine Mutter zum Telefon, wählte die Nummer vom Rias und verlangte energisch, sofort die Ansagerin der Sendung zu sprechen: „Bitte, Sie müssen das sofort berichtigen. Dieses Lied hat nicht Renée Franke gesungen, sondern meine Tochter, und die heißt Renate Franke. Es war das erste Mal, und deshalb ist es sehr wichtig, daß Sie das berichtigen: Renate Franke!"

Tatsächlich entschuldigte sich die Ansagerin noch in derselben Sendung und berichtigte, daß nicht Renée Franke „An der Donau, wenn der Wein blüht" gesungen habe, sondern eine junge Sängerin, die der Rias entdeckt habe: *Renate* Franke!

„Das kann dir immer wieder passieren", sagte Karli. „Vielleicht solltest du deinen Namen ändern, je früher, um so besser."

Karli hatte recht. Als es wenig später noch ein zweites Mal passierte, mein Name wieder mit dem von Renée Franke verwechselt wurde, begann das große Kopfzerbrechen. Wie sollte ich mich nennen? Die Diskussion darüber drohte zu einem beliebten Gesellschaftsspiel rund um mich herum auszuarten. Kurz entschlossen nahm ich mir das Berliner Telefonbuch vor, schlug einen Buchstaben auf – es war das H – und stieß auf den Namen Holm. Renate Holm? Das klang nicht schlecht. Und als sich keine Gegenstimme meldete, war mein neuer Name geboren.

Von da an ging es Schlag auf Schlag. Verch und Müller waren der Überzeugung, mit mir eine neue Martha Eggerth entdeckt zu haben. Wir gingen gemeinsam ihre bekanntesten Lieder durch und nahmen in der Folge einige davon auf. Ich begann mit „Wunderschön ist es, verliebt zu sein" und sang dann noch viele andere Eggerth-Lieder.

Die nächsten fünf Jahre muß ich zu den turbulentesten meines Lebens rechnen. Eben noch hatte ich als Zweite von links bei Heinz Hentschke auf der Operettenbühne gestanden, war bis über beide Ohren rot angelaufen, als Johannes Heesters, der Star in der „Hochzeitsnacht im Paradies", der kleinen Renate Franke Komplimente machte, da regnete es auch schon weitere Angebote und die erste Fan-Post für Renate Holm.

Im Januar 1954 erschien in der Rundfunkzeitschrift „Gong" ein Gedicht auf mich. Verfasser war der Münchner Journalist und Schriftsteller Karl Ude:

Renate Holm
Vor einem Jahre noch befand sich
Bei einem Zahnarzt in Berlin
Ein junges Ding von gerade zwanzig
Und half dezent beim Zähneziehn.

Sie mischte Gips und kochte Zangen,
Sie sagte mild: „Der nächste, bitte!"
Und sah die Patienten bangen,
Wie das beim Zahnarzt so die Sitte.

Sie sah viel Elend und viel Grauen
Und hörte Kreischen, Wimmern, Stöhnen
Nicht nur von Mädchen und von Frauen,
Nein, auch von Vätern und von Söhnen.

Dazu das Surren spitzer Bohrer
Und alles dies klang atonal.
Drum fand sie bald: so ein sonorer
Und greller Lärm sei trivial.

Sie sehnte sich nach Melodien
Und lernte nebenbei Gesang.
Der Onkel Doktor ließ sie ziehn –
Zum Rias war ihr erster Gang.

Und siehe da: die Holm gefiel
Und bald lag der Vertrag bereit.
So schnell gewann sie dieses Spiel –
Ein Märchen ist's aus unsrer Zeit.

Nun lebt sie wie die Nachtigall;
Schwelgt in den höchsten Tönen nur
Und meistert jedes Intervall,
Die schwierigste Koleratur.

In einer Operette gar,
Die sie mit ihrem Scharm verschönt,
Wird sie – ein neuer Bühnenstar!
Zur Schönheitskönigin gekrönt.

Einst hat sie sich recht arg geplagt,
Um ihre Mutter zu versorgen –
Heut' blickt sie frisch und unverzagt
In ein verheißungsvolles Morgen.

Der Wunsch aus ihrem Lieblingsschlager,
Das flehende „Sei lieb mit mir!" –
Für sie war's wirklich kein Versager,
Denn alle Welt meint's gut mit ihr.

Wenn ich heute diese Zeit Revue passieren lasse, frage ich mich natürlich, wie es möglich war, daß ich 1953 als Schlager- und ein Jahr später auch als Filmstar so eine Blitzkarriere machen konnte. Einmal lag es gewiß an der Zeit. Die Branche war kleiner, überschaubarer und intimer. Die Konkurrenz im Showgeschäft war längst nicht so groß und so brutal wie heute, deshalb wurde man schneller bekannt, auch wenn das Fernsehen noch in den Kinderschuhen steckte. Musikalische Unterhaltungssendungen auf dem Bildschirm waren noch nahezu unbekannt, dafür tingelte die gesamte Branche über Land, ging auf Tourneen und trat weit häufiger als heute live auf.

Ein anderer Grund – und das darf ich ohne Eitelkeit sagen – war ohne Zweifel meine Stimme und waren die Art der Lieder, die ich sang. Ich hatte nicht nur eine Stimme, die gefiel, ich hatte auch eine, die geschult war und die hinaufreichte bis zum hohen „f". Und ich sang Koloraturen, weshalb mir gerade die musikalisch anspruchsvollsten Melodien besonders lagen. Das war für die populäre Unterhaltungsmusik eher ungewöhnlich.

Als ich die ersten Aufnahmen beim Rias machen sollte, ging ich zu meiner Lehrerin Maria Ivogün und fragte sie um Rat. Ich studierte ja schließlich, um eines Tages auf einer Opernbühne zu stehen. Und jetzt sollte ich Schlager singen? Würde ich mir damit nicht die Erfüllung meines Wunsches verbauen? Vielleicht gar meine Stimme verderben?

„Aber warum denn, mein Kind", sagte sie, „warum sollen Sie nicht auch solche Lieder singen. Sie sehen hübsch aus, Sie haben Charme, so etwas ist heute sehr gefragt. Und Ihre Stimme? Da machen Sie sich keine Sorgen, wenn Sie wollen,

„Renate Holm mit ihrem neuen Auto".

können Sie immer noch zur Oper gehen. Und wenn Sie es ganz fest wollen, werden Sie es auch eines Tages tun. Ganz bestimmt."

Sie sollte recht behalten.

Aber nicht allein das! Von nun an studierte ich mit ihr nicht nur Opernpartien ein, sondern auch alle Lieder, die ich sang. Mein ganzes Sängerleben habe ich immer eine Lehrerin gehabt, jeder Ton, den ich sang, wurde von meiner jeweiligen Lehrerin kontrolliert. Heute weiß ich, daß das der für mich einzig richtige Weg war, sowohl für meine Stimme als auch für meine Karriere. Dieser Grundsatz bewahrte mich auch vor jedem gefährlichen Experiment, mit dem ich beides hätte aufs Spiel setzen können.

So begab ich mich mit dem Segen der Ivogün in eine Karriere, die ich ursprünglich gar nicht angestrebt hatte. Dennoch würde ich nie behaupten, daß mir diese Zeit keinen Spaß ge-

Ich wurde ein Star:
Wenn ich erkannt wurde, mußte ich Autogramme geben.

macht und keine Befriedigung gegeben hätte. Im Gegenteil! Das Leben war unglaublich aufregend. Ich war jung und als Frau und Sängerin eitel genug, um gern im Rampenlicht zu stehen. Fast täglich konnte man etwas über mich in der Zeitung lesen. Was immer ich aufschlug, es lächelte mir mein eigenes Foto entgegen: Renate Holm mit Mutter! Renate Holm mit ihrem neuen Auto! Renate Holm mit ihrem Hund! – Fotos – Fotos – Titelseiten – – –

Ich wurde ein Star. Überall, wo ich hinkam, kannte man meinen Namen. Ich freute mich, wenn die Leute auf der Straße mich erkannten. Wo ich mich in der Öffentlichkeit bewegte, war es immer ein „Auftritt", und – es war immer das Lampenfieber da, selbst wenn kein Scheinwerfer und kein Mikrophon in der Nähe waren. Dieses quälende Lampenfieber habe ich mein ganzes Leben nie verloren.

Schon im Frühjahr 1953 ging ich zum ersten Mal auf eine Tournee durch die damalige Bundesrepublik. Fünf Wochen stand ich in allen größeren und vielen kleineren Städten mit der „kleinen Cornelia" („Pack die Badehose ein!"), mit Wilhelm Strienz, Bully Buhlan, René Carol, Rita Paul, Rudi Schuricke und Gerhard Wendtland auf der Bühne. Und dieser ersten Tournee sollten in den nächsten Jahren noch zahlreiche andere folgen.

Ebenfalls im Jahr 1953 machte ich meine ersten Schallplattenaufnahmen für Telefunken und unterschrieb meinen ersten Filmvertrag. Zeitungen und Zeitschriften feierten mich als große Neuentdeckung, und meine Mutter legte das erste Album mit Zeitungsausschnitten und Fotos an. Ich war über Nacht prominent geworden. Und im Vertrauen gesagt: Es gefiel mir.

Zu den Liedern, mit denen ich in diesen Jahren besonders erfolgreich war, gehörte auch das Schwipslied, eines von den zwei ersten Liedern, die ich beim Rias aufgenommen hatte. Auch ich selbst liebte es, nicht zuletzt, weil ich hier etwas von meinem schauspielerischen Talent zeigen konnte. Dabei war das größte Kompliment für mich, wenn hinterher jemand sagte: „Man glaubt direkt, du hast wirklich einen Schwips. So echt machst du das!"

Es ist klar, jeder Sänger wird sich hüten, alkoholisiert auf die Bühne zu gehen und dann Gefahr zu laufen, daß er die Kontrolle verliert, aus dem Text fällt, einen falschen Ton singt oder ihm gar die Stimme abhanden kommt. Hundertemal habe ich dieses Schwipslied gesungen, ohne einen Tropfen getrunken zu haben – mit einer einzigen Ausnahme.

Es war auf einer Tournee mit dem Orchester Kurt Edelhagen. Sie begann ausgerechnet an einem ersten Weihnachtsfeiertag, so daß wir in Berlin den Heiligen Abend um einen Tag vorverlegen mußten, und lief bis Ende Januar. An einem der folgenden Januartage kamen wir bei eisiger Kälte um vier Uhr nachmittags in einem Ort im Schwarzwald an und sollten am Abend auftreten. Völlig durchgefroren saßen wir in der zugigen Halle des Hotels, und irgend jemand kam auf die Idee,

Auf großer Tournee – neben mir Helmut Zacharias, in der Mitte mit Telefon Ernst Waldbrunn und ganz rechts Wolfgang Sauer.

Auch Bruce Lowe war einer der Stars auf unseren Tourneen.

etwas Landesübliches zum Aufwärmen zu bestellen: einen Schwarzwälder Kirsch. Das half. Noch besser wärmten der zweite und der dritte ... Kurz, es war nicht bei dem einen Kirsch geblieben.

Drei Stunden später stand ich auf der Bühne und sang zum ersten und einzigen Male das Schwips-Lied – lebensecht. Ich weiß heute nicht mehr, wie ich das geschafft habe, aber die Renate mit dem „Schwarzwälder Schwips" war noch jahrelang ein beliebter Gesprächsstoff. Erstaunlich, daß trotzdem jeder Ton präzise gekommen ist, sogar die Koloraturen mit dem hohen „f".

Das einzige, woran ich mich erinnere, war, daß ich an diesem Abend weit weniger aufgeregt war als sonst. Trotzdem verzichtete ich von dem Tag an strikt auf diese Möglichkeit, mein Lampenfieber zu bekämpfen.

„Chi sa" – das ist der Titel eines Liedes, mit dem der größte Erfolg, den ich in meiner Laufbahn als Schlagersängerin hatte, verbunden ist. Ins Deutsche übersetzt – wer weiß –, steht es als Frage über diesem Kapitel meiner Schlagerjahre. Denn nicht einmal ich ahnte, wie vergleichsweise kurz diese erste Karriere sein würde.

„Chi sa" war eine italienische Tarantella des Komponisten Willi Czernik. Damit sollte ich im Juli 1956 beim Song Contest in Venedig antreten. Diesen internationalen Schlager-Wettbewerb gibt es ja noch heute jedes Jahr, wenn ich auch den Eindruck habe, daß durch die Auswahl der Lieder und der Interpreten die Bedeutung des Song Contest sehr viel geringer ist als zu den Zeiten, als er noch als Sprungbrett für eine internationale Karriere gelten konnte. Denn damals mußte man, um beim Song Contest überhaupt plaziert zu werden, noch tatsächlich singen können.

Eine möglicherweise internationale Karriere als Schlagersängerin nach meiner Teilnahme in Venedig habe ich im Grund selbst verhindert, denn wenig später sollte ich nach

Wien gehen und sagte alle zukünftigen Pläne und Verpflichtungen ab.

Zum ersten Mal in meinem Leben besuchte ich Venedig. Meine Mutter begleitete mich, und wir kamen am Morgen mit dem Schlafwagen an. Viel zu sehen von der Lagunenstadt bekam ich damals leider nicht. Kaum angekommen, wurden wir mit einem Taxi-Boot ins Hotel gebracht. Es war nicht besonders groß und auch nicht besonders berühmt. Selbst wenn ich mich erinnern würde, wie es hieß, seinen Namen würde ich hier verschweigen, denn der einzige bleibende Eindruck an dieses venezianische Hotel ist, daß es dort ständig unangenehm roch. Auf deutsch: es stank! Aber viel Zeit, mich darüber aufzuregen, hatte ich gar nicht. Hans Carste, der mich am Abend mit einem großen Symphonieorchester begleiten würde, wartete schon auf mich. Es gab noch eine Stellprobe, und dann war noch dies und jenes durchzusprechen. Der Wettbewerb fand auf dem Markusplatz unter freiem Himmel statt. Dort war eine riesige Bühne aufgebaut und davor der Platz schwarz von Tausenden Zuhörern. Mehrere Kameras waren aufgebaut, und es wimmelte von Journalisten und Fotografen. Der Song Contest war ein internationales Ereignis.

In Abendkleid und Stöckelschuhen, kräftig geschminkt wegen der starken Scheinwerfer und der Kameras, wartete ich hinter der Bühne auf meinen Auftritt. Wieder überkam mich ein schreckliches Lampenfieber. Gleich sollte ich da hinauf, aber das war kein Auftritt wie in der Kurhalle von Dingsbumskirchen, wie ich sie zu Hunderten schon hinter mich gebracht hatte. Diesmal ging es um einen Preis, und den sollte ich mit meinem Lied nicht nur für mich, sondern für Deutschland gewinnen.

Ich trippelte hin und her, räusperte mich, spürte, wie mir der Mund immer trockener wurde. Und auf einmal schlug das Lampenfieber mir auf die Blase. Dringend! Keine 15 Minuten vor meinem Auftritt!

Wo war die Toilette?

Auf der Bühne am Markusplatz:
Erster Preis beim Song Contest 1956.

Alle schauten sich ratlos um. Die Bühne war ja improvisiert, und da gab es keine Toilette. Nein, auch nicht in der Nähe. Aber am anderen Ende des Platzes, da gab es eine öffentliche Anlage.

Meine Mutter ergriff mich an der Hand und zog mich hinter sich her. Unter den Arkaden entlang drängten wir uns durch die Menschenmassen. Da war ein Café, aber es war gesteckt voll und die Tür von Leuten verstopft. Also weiter. Bis zum Auftritt waren es noch 10 Minuten.

Wir mußten tatsächlich den ganzen Markusplatz umrunden, bis ich Gelegenheit hatte, die fatalen Folgen meines Lampenfiebers loszuwerden. Im Sturmschritt drängten wir uns den langen Weg unter den Arkaden durch die vielen Menschen wieder zurück. Drei Minuten vor meinem Auftritt waren wir wieder bei der Bühne.

Als ich oben im Scheinwerferlicht stand und begleitet von dem großen Orchester mein Lied sang, war das Lampenfieber wie weggeblasen. Mit dem italienischen „Chi sa", einem musikalisch sehr anspruchsvollen Lied mit Koloraturen bis zum hohen „C", hatte man ganz offensichtlich eine gute Auswahl getroffen. Die Bravorufe und Ovationen machten mich glücklich. Als sich am Schluß die Jury dem Votum des Publikums anschloß und mir den ersten Preis zuerkannte, wußte ich kaum, was ich sagen sollte. Viel hätte ich aber auch nicht sagen können, als ich nochmals auf die Bühne kam, so sehr tobte das Publikum. Erst als Hans Carste den Taktstock hob, wurde es stiller. Und ein zweites Mal sang ich auf dem Markusplatz, dem „Konzertsaal" mit der schönsten Akustik, „Chi sa – chi sa . . ."

Der erste Preis im Song Contest war zweifellos der erfolgreiche Höhepunkt meiner „ersten" Karriere. Doch schon ein paar Monate später beschloß ich, durch die vielen Türen, die mir nun offenstanden, nicht zu gehen, um noch einmal auf der Opernbühne von vorn anzufangen. Selbst die Traumgagen, auf die ich damit vorerst verzichtete, machten mir diese Entscheidung nicht schwer. In solchen Augenblicken hat Geld eine eher fragwürdige Bedeutung. War es ein Zufall, als ich am Abend dieses Tages feststellte, daß ich meine Geldbörse auf der Toilette am Markusplatz hatte liegen lassen?

Selbst meine Mutter überging angesichts meines Erfolges diesen Verlust. Sie war, wenn sie mich bei meinen Auftritten betreute, stets von einer unendlichen Milde und rücksichtsvollen Toleranz, die ganz im Gegensatz zu der Strenge standen, mit der sie mich als Kind erzogen hatte. Sie war in diesen Jahren, wo immer sie konnte, an meiner Seite, so daß ich mir damals kaum vorstellen konnte, einen Auftritt wie diesen ohne sie zu schaffen. Und dafür werde ich ihr immer dankbar sein.

Filmstar für vier Jahre

Jungsein heißt, nie fertig sein. Immer wieder lernen, versuchen, umstoßen, verfluchen, irrelaufen und dennoch wieder die Tür zur eigenen Stube zu finden. Wer jung ist, bleibt es bis zum letzten Atemzuge, denn Jugend ist nichts anderes als eine innere Haltung.

Kaergel

Neben dem Rundfunk war in den fünfziger Jahren der Kinofilm die wichtigste Unterhaltungsbranche. Es wurden sehr viele Filme gedreht, mit weit weniger Aufwand als man das heute tut, und dementsprechend war so ein Film auch in viel kürzerer Zeit abgedreht. Wie hätte ich sonst neben meinen Tourneen und Auftritten in vier Jahren auch noch zehn Film-

Erstmals vor einer TV-Kamera: „Herzkönig" mit Gerd Vespermann.

Erinnerungen aus meiner Film-Zeit.

STAR Revue
MODE · FILM · UNTERHALTUNG
NUMMER 20 · 6. JAHRGANG · ERSTES OKTOBERHEFT · Postverlagsort Berlin
60
Zweite Folge
Aus dem Tagebuch eines Ehepsychologen

Mein Film
DIE ÖSTERREICHISCHE FILMILLUSTRIERTE
2.50 SCHILLING
RENATE HOLM

rollen spielen können? Der Bedarf an neuen Filmen war groß, denn das Fernsehen, das man damals noch als Konkurrenz zum Film ansah, wurde erst um 1960 in Deutschland populär.

1952 begann der NWDR mit der Ausstrahlung eines regelmäßigen Fernsehprogramms, zu einer Zeit, als in den USA schon rund 20 Millionen Fernsehempfänger in den Wohnzimmern flimmerten. In Deutschland dagegen setzte der erste Kaufboom bei Fernsehern 1954 mit der Übertragung der Fußballweltmeisterschaften ein.

Damals war also ein Fernsehauftritt für einen Schauspieler oder Sänger weit weniger wichtig als eine gute Filmrolle, denn das Publikum, das man mit einem neuen Film erreichte, war wesentlich größer als das Fernsehpublikum. Trotzdem war damals die erste Kamera, vor der ich stand, eine Fernsehkamera.

Die musikalische Komödie, die ich 1953 für den NWDR drehte, hieß „Herzkönig", und mein Partner war Gerd Vespermann. Im Studio gab es nur eine Dekoration, ja das Studio selbst war so klein, daß wir – inklusive Ballett – ganze 40 Quadratmeter Platz hatten, um zu spielen, zu singen und – zu tanzen! Dazu heizten die Scheinwerfer die Temperatur auf 35 Grad an, ohne daß es eine Aircondition gegeben hätte, nicht einmal ein Fenster war da, das man hätte zwischendurch öffnen können. Doch trotz aller Strapazen war die Stimmung ausgezeichnet. Alle Kollegen waren geduldig und rücksichtsvoll, denn natürlich hatte ich als Anfängerin hier und da noch Schwierigkeiten und Ängste in dem neuen Metier, über die sie mir auf die selbstverständlichste Art hinweghalfen.

Schon im folgenden Jahr drehte ich die ersten drei Kinofilme. Die Nummer eins hieß „Schlagerparade", und ich hatte darin das Lied „Sei lieb zu mir" von Michael Jary zu singen. Unter der Regie des späteren TV-Kommissars Erik Ode spielte ein Riesenaufgebot an bekannten Schauspielern, Komponisten und Schlagerstars, darunter Maurice Chevalier und Johannes Heesters, Karl Schönböck und Walter Giller, Lys Assia, Bully Buhlan, Gitta Lind, Rita Paul, Friedel Hensch und

Mit Adrian Hoven in der „Großen Star-Parade“.

die Cypris. Neben Stan Kenton traten Peter Igelhoff, Michael Jary, Peter Kreuder und Friedrich Schröder auf. In einem weißen Traum von Kleid sang ich mit Rudi Schuricke, dem Schwarm aller junger Mädchen, „Sei lieb zu mir" im Duett. Zu meinem wie üblich heftigen Lampenfieber kam nun noch die Aufregung, gemeinsam mit so viel Prominenz auf der gleichen Leinwand zu erscheinen.

„Liebessender X" sollte der gleich daran anschließende Film Nummer zwei heißen, in dem ich bereits eine Hauptrolle erhielt. Auch diesmal waren wieder zahlreiche Publikumslieblinge mit von der Partie, weshalb der Film dann unter dem Titel „Große Star-Parade" anlief. Neben Peter Alexander, Bully Buhlan, Cornelia Froboess, Evelyn Künneke, Winnie Markus, Gunther Philipp, Rudolf Prack, Caterina Valente, Sonja Ziemann und vielen anderen war einer der schönsten Männer des deutschen Films mein Partner: Adrian Hoven.

Als wir uns am ersten Drehtag begegneten, war es sofort um mich geschehen. Wie Tausende seiner jungen weiblichen Fans hatte ich mich Hals über Kopf in ihn verliebt. Der Unterschied war nur: Für sie blieb er unerreicht ein Idol auf der Leinwand, ich jedoch drehte nun jeden Tag hautnah mit ihm – bis hin zur Liebesszene.

Unglückseligerweise blieb die Sache völlig einseitig, denn Adrian Hoven war fest eingeschworen auf eine Dame in der Schweiz, die einige Male während der Dreharbeiten angereist kam. So hat er es nie erfahren, und ich fürchte, auch nie bemerkt, wie sehr mir jedesmal das Herz klopfte, wenn wir eine gemeinsame Szene vor der Kamera hatten.

Die Uraufführung des Films fand in der Waldbühne statt. So eine Filmpremiere war damals in Berlin ein großes Ereignis und die Waldbühne an diesem Abend bis zum letzten Platz ausverkauft. In der ersten Reihe sitzend, sah ich mich überlebensgroß auf der Riesenleinwand.

Zum Schluß sangen wir, begleitet vom großen Rias-Orchester, noch einmal unsere Lieder. „Sei lieb zu mir, ich habe ja

Die Mutter war am Anfang meiner Karriere immer die Hauptperson – hier nach der Film-Premiere in der Waldbühne mit Sonja Ziemann und der kleinen Cornelia (ganz links).

nur dich ..." sang ich, und 22000 begeisterte Menschen applaudierten. Es erschien mir wie ein Traum, und während ich mich verbeugte, rannten mir unaufhaltsam die Tränen über die Wangen. Ich war glücklich und dankbar.

Kaum zwei Jahre war es her, daß ich mitten durch dieses Publikum treppauf, treppab gelaufen war und „Schokolade! Zigaretten! Saure Drops!" verkauft hatte. Jetzt stand ich auf der anderen Seite in der Reihe der großen Stars, denen ich damals über meinen Bauchladen hinweg mit allen anderen Beifall geklatscht hatte.

Als alles vorbei war, traf ich beim Hinausgehen auf eine der jungen Studentinnen mit ihrem Bauchladen. Ich kaufte der früheren „Kollegin" zwei Tafeln Schokolade ab. Sie strahlte mich an, und ich gab ihr zwei Mark Trinkgeld. (Das war mehr, als die Schokolade kostete.)

1954 als „Fräulein vom Amt".

Die nächste Hauptrolle wurde mir in dem Film „Fräulein vom Amt" angeboten. Ich spielte darin eine junge, hübsche Telefonistin, deren Stimme von einem Komponisten entdeckt wird und die daraufhin zum bekannten Schlagerstar aufsteigt. Der Stoff beruhte auf einer wahren Begebenheit, denn – und das ist das Kuriose daran – das unbekannte Telefonfräulein, das zum Schlagerstar wird, war die Geschichte von Renée Franke. Ich spielte also jene Sängerin, mit der man mich bei meinem Rundfunkdebüt verwechselt hatte und wegen der ich nun nicht mehr Renate Franke, sondern Renate Holm hieß.

Die Dreharbeiten waren in Hamburg, Regie führte Carl Heinz Schroth, und mein Partner war Georg Thomalla, mit dem mich seit damals eine liebenswerte Freundschaft verbindet.

Wir drehten jeden Tag zehn Stunden, und nach einem dieser Drehtage saß ich am Abend in meiner Garderobe, um mich abzuschminken. Ich litt zu der Zeit, wie viele junge Mädchen, unter einer heftigen Akne, die ich meistens vergeblich mit allen möglichen Mittelchen bekämpfte. Auch jetzt war es durch die tägliche Schminke und Hitze eher noch schlimmer geworden. Unter der Creme, die ich abwischte, kamen rote Flecken und Pickel zum Vorschein. Es war zum Verzweifeln. Ich betrachtete mich im Spiegel und fing an zu weinen. Da öffnete sich die Tür, und Thommi kam in die Garderobe, um sich zu verabschieden. Er sah mich weinen.

„Was ist denn los?“ fragte er. „Was hast du? Warum weinst du denn?“

Während er etwas ratlos hinter mir stand, brachte ich kein Wort heraus.

„Warum bist du denn so unglücklich? Alle Leute sind begeistert von dir. Du singst wie eine Nachtigall, du bist einfach fabelhaft! Du hast überhaupt keinen Grund zu weinen.“

Ich versuchte die Tränen abzuwischen und nahm langsam die Hände vom Gesicht. Wir sahen uns im Spiegel an.

„Ich schäme mich so“, sagte ich leise, „wegen der Pickel. Das wird immer schlimmer durch die Scheinwerfer und die Schminke. Und man sieht es doch, vor allem bei den Großaufnahmen.“

Da geschah etwas, das mir bis heute unvergeßlich geblieben ist, weil es so selbstverständlich wirkte und doch so menschlich war. Thommi drehte meinen Kopf zu sich und sah sich das Gesicht genau an.

„Aber das ist doch überhaupt nichts!“ sagte er, und dann küßte er mich kurz auf diese roten Flecken in meinem Gesicht.

In diesem Augenblick hatte er mein Herz erobert. Es war

der Beginn einer wunderbaren Freundschaft. Wie bedeutsam diese Freundschaft war und wie tief sie ging, zeigte sich nach den Dreharbeiten.

„Weißt du, Renate", sagte Thommi eines Tages, „wenn ich nicht wüßte, daß du eine große Sängerin wirst und alles hast, was man braucht für diese Laufbahn an Ehrgeiz und Disziplin, ich würde dich glatt heiraten. Aber ich fürchte, es würde nicht gutgehen. Dein Beruf wird dir immer wichtiger sein als alles andere. Im Grunde ist das richtig so; du hast eine einmalige Stimme, und du mußt singen."

Wir haben 1955 noch einen zweiten Film zusammen gedreht. Als ich nach Wien ging, trafen wir uns nur noch selten. Erst 1987 standen wir noch einmal gemeinsam auf der Bühne. Damals spielten wir in Berlin „Miniaturen" von Curt Goetz. Doch der Beginn dieser jahrelangen Freundschaft blieb für mich immer unvergessen.

Schaut so – 1956 – ein Film-Star aus?

Renate Holm – etwas mondän . . .

. . . und mal ein wenig kesser.

Jahre später erkannte ich, wie recht Thommi gehabt hatte mit dem, was er mir seinerzeit nach den Dreharbeiten sagte. Schmerzhaft hatte ich mehrmals erfahren, daß in dem Duell zwischen Sängerin und Frau zuletzt immer die Sängerin die stärkere war. Manche Liebesbeziehung, die mir wichtig war, scheiterte daran. Oft wünschte ich mir, einmal ganz Frau zu sein, auch Mutter, und eine Familie zu haben. Aber dann kamen neue Aufgaben auf mich zu. Die Sängerin forderte einen strengen Tribut und eiserne Disziplin. Leben und Lieben mußte sich wieder dem Spielplan unterordnen. Selbst wenn der Partner Verständnis zeigte, zuletzt verlor doch die Frau das Duell und zahlte mit Tränen und Trennung.

In diesen Jahren, zwischen 1953 und 1957, dachte ich noch wenig über solche Probleme nach. Ich war jung, berühmt, beliebt, und ich hatte einen prallvollen Terminkalender, der wenig Zeit ließ, über die ernsthaften Dinge im Leben genauer nachzudenken. Neben der Filmerei hatte ich ja ständig irgendwelche Auftritte und machte bis zu vier Tourneen im Jahr. Gerade sie hatten einen ganz wesentlichen Anteil am Bekanntheitsgrad eines Sängers.

Dabei tourten wir keineswegs nur durch Deutschland; wir kamen selbstverständlich auch nach Österreich, in die Schweiz, nach Holland, Belgien, Luxemburg, Schweden oder Dänemark, später auch immer wieder in die damalige DDR.

Auch nach Wien kam ich in diesen Jahren, ohne zu ahnen, daß dies so bald meine zweite Heimat werden sollte. Anfangs gastierten wir im Renaissancetheater im 7. Bezirk, später in der Stadthalle. Aber wie überall, wo wir Station machten, reichte die Zeit kaum aus, um etwas von der Stadt zu sehen. Ich war in Wien, aber ich hatte keine Ahnung von Wien und den Wienern.

Zwischendurch drehte ich weiter Filme. „Wunschkonzert" hieß einer davon mit Peter Frankenfeld als Partner. Für diesen Film schrieb mir Heino Gaze das Amsellied mit hohen und schwierigen Koloraturen, das ich auch später gern und oft gesungen habe. „Marina" hieß ein anderer Film mit dem liebenswürdigen berühmten Bandleader Teddy Staufer.

Er lebte hauptsächlich in Acapulco, wo er ein Hotel besaß. Mehrmals lud er mich dahin ein, und es tut mir heute leid, daß ich ihn nie in Mexiko besucht habe.

In Berlin hatte ich 1953 kurze Zeit Schauspielunterricht bei Agnes Windeck genommen, aber glücklicherweise besitze ich offenbar auch ein wenig Naturtalent, denn selbstverständlich mußte ich in diesem Film nicht nur singen, sondern auch spielen. Der Film „Er bei Tag und sie bei Nacht", der dann unter dem etwas frivolen Titel „Zwei in einem Bett" in die Kinos kam, war mein erster und einziger Schauspielfilm, in dem ich ausnahmsweise nicht zu singen hatte. Es war eine Komödie nach einem beliebten Bühnenstück mit dem unvergessenen Günther Lüders, und mein Partner war Heinz Drache.

Mit Gerhard Riedmann und Gunther Philipp drehten wir in Dalmatien „Der Graf von Luxemburg"; und im Salzkammergut waren die Außenaufnahmen zu dem österreichischen Film „Wo die Lerche singt". Die Dreharbeiten waren ungeheuer anstrengend, denn es herrschte eine hochsommerliche Gluthitze, und eine entsetzlich lange Szene spielte oben auf einem riesigen Heuwagen.

Der in mehrerer Hinsicht wichtigste Film, den ich damals drehte, war schließlich „Schön ist die Welt", in dem Rudolf Schock mein Partner war. Schon immer war Rudolf Schock ein besonderer Schwarm von mir gewesen, und nun sollte ich gemeinsam mit ihm vor der Kamera stehen!

Noch vor Drehbeginn wurden in Berlin im Studio die Musikaufnahmen gemacht. Schock und ich verstanden uns auf Anhieb. Er war der absolute Topstar, aber ich mußte nicht mehr in ehrfürchtige Bewunderung versinken. Als Sängerin war ich für ihn eine gleichwertige Kollegin, und mit meinen Koloraturen konnte ich mich durchaus in seiner Nähe hören lassen.

In dem Film „Schön ist die Welt".

Dennoch wurde diese kollegiale Zusammenarbeit für mich besonders wichtig. Schock war der erste, der mich auf bestimmte Dinge aufmerksam machte: „Du hast eine schöne Stimme, Renate", sagte er bewundernd, „aber sie ist sehr kopfig. Du mußt mehr stützen. Du mußt versuchen, die Stimme mehr in den Körper zu bekommen. Ich bin ganz sicher, daß du eines Tages noch zur Bühne gehen wirst, aber wenn du so weitermachst, bist du ohne Mikrophon nicht zu hören. Du mußt mehr mit dem Körper an deiner Stimme arbeiten."

Daß ich damals seinem Rat folgte, sollte mir kaum ein Jahr später sehr von Nutzen sein.

Von da an verband mich mit Rudolf Schock eine lebenslange Sängerfreundschaft. Wir haben uns unzählige Male wiedergetroffen und viele Konzerte gemeinsam gesungen. Gern denke ich an die erfolgreichen Robert-Stolz-Konzerte in

Mit Rudolf Schock bei einem Konzert in Antwerpen.

Amsterdam zurück. In Holland erhielten wir auch gemeinsam eine „goldene Schallplatte".

Zu Schocks 70. Geburtstag im September 1985 veranstaltete das ZDF eine große musikalische Geburtstagsparty in der Saarbrücker Saarlandhalle. Fast alle Kollegen und Kolleginnen, die mit ihm als Partner gesungen hatten, waren gekommen, um zu gratulieren, zu singen und etwas aus ihrer Erinnerung zu erzählen. In dieser Fernsehshow sind wir uns zum letzten Mal begegnet und haben ein letztes Mal gemeinsam gesungen. Nur gut ein Jahr später, am 13. November, ist Rudolf Schock gestorben.

Doch zurück zu dem Film „Schön ist die Welt". Nach den Musikaufnahmen in Berlin drehten wir 7½ Wochen in Cortina d'Ampezzo. Schon um 6 Uhr mußten wir jeden Morgen am Drehort sein, weil dann die Sonne aufging und es das beste Kameralicht gab.

Nie vergessen werde ich die Rückfahrt von Cortina nach Abschluß der Dreharbeiten. Mit meinem schwarzen Ford Taunus startete ich erst am Nachmittag, denn ich hatte vor, in Innsbruck zu übernachten. Ich hatte mich wohl ein wenig verschätzt, denn die kurvenreiche Straße zwischen Schluchten und Bergen erlaubte kein schnelles Fahren. Zu allem Unglück kam ich in ein entsetzliches Gewitter hinein, und strömender Regen zwang mich, noch langsamer zu fahren.

Um mich und meine Ängstlichkeit ein wenig abzulenken, stellte ich das Radio an. Während ich angestrengt in die regennasse Dunkelheit hinausblickte, hörte ich plötzlich eine Stimme, die mir den Atem stocken ließ. Es war die Arie der Lucia di Lammermoor, und ich wußte, diese Stimme habe ich noch nie in meinem Leben gehört.

Ich fuhr ganz rechts an den Straßenrand und hielt an. Ich war so fasziniert, daß ich keinen Meter hätte weiterfahren wollen, so lange diese Stimme zu hören war. Gespannt wartete ich auf die Absage, auf den Namen der Sängerin. Als endlich der Name genannt wurde, sagte er mir nichts, ja – ich verstand ihn nicht einmal genau. Er fing mit M an, es war offensichtlich ein Doppelname, denn der zweite Teil hieß Callas. Maria Meneghini-Callas.

Es war meine erste – akustische – Begegnung mit dieser Sängerin, der ich, ohne daß sie es wußte, später noch viel zu verdanken hatte. Das Gefühl, das mich in diesem Augenblick bewegte, allein in meinem Auto zwischen den hohen Bergen im strömenden Regen, war das gleiche wie seinerzeit, als ich in Berlin aus dem Butterfly-Film mit der Cebotari gekommen war. Zum zweiten Mal wußte ich jetzt, wo mein Ziel war. Fast war es in den letzten Jahren durch meine Erfolge verdrängt worden und in Vergessenheit geraten. Plötzlich war der Wunsch wieder ganz konkret vorhanden: Ich wollte Opernsängerin werden.

So wie ich damals durch die regennassen Straßen Berlins gegangen war, so fuhr ich nun wieder im Regen die zwei Stunden bis nach Innsbruck, wo ich todmüde von der anstrengenden Fahrt spät am Abend ankam.

Ich hatte mir den Namen der Sängerin, so gut ich ihn verstanden hatte, auf einen Zettel gekritzelt. Als ich wieder in Berlin war, ging ich in das nächste Schallplattengeschäft und kaufte mir alles, was es von ihr auf Platte gab. Es war noch nicht viel, denn die sensationelle Karriere der Callas hatte damals eben erst begonnen. Aber im Laufe der Jahre sollte die Sammlung ihrer Platten immer größer werden.

Bei meiner ersten Lehrerin Waltraud Waldeck hatte ich die Butterfly und die Königin der Nacht studiert, aber auch die Tosca und die Troubadour-Leonore, dramatische Partien, mit denen sie zweifellos die Lust am Singen förderte. Ich habe keine Ahnung, ob ich damals mit der Adele aus der „Fledermaus" oder der Susanne aus dem „Figaro" hätte etwas anfangen können, Rollen, die ich später mit großem Erfolg gesungen habe. Es war also damals nicht verwunderlich, daß ich die Callas spontan zu meinem Vorbild erkor. Daß sie aber auch mein Vorbild blieb, als ich in ein ganz anderes Rollenfach hineinwuchs als sie, mag manchen auf den ersten Blick erstaunen.

Als ich im Januar 1961 an der Wiener Volksoper im „Barbier von Sevilla" als Rosina debütierte, sang ich sie mit den gleichen Koloraturen wie die Callas. Ich hatte mir die Platte gekauft und die Koloraturen Ton für Ton abgeschrieben, nicht weil sie die schwierigsten oder bravourösten gewesen wären, sondern die musikalischsten und die, die am besten die Gefühlslage der Partie ausdrückten. Wenn man weiß, daß Töne auch Empfindungen weitergeben, versteht man leicht, wie wichtig es ist, einer Melodie, einer Koloratur einen Sinn zu geben. Es ist die Aussage eines bestimmten Gefühls, mag es nun heiter oder traurig oder auch trotzig sein.

Neben der so selbstverständlichen Perfektion der Stimme habe ich bei der Callas immer dieser Art der Musikalität bewundert. In diesem Sinne wurde und war sie mir Vorbild. Dabei ging es nie darum, etwas zu kopieren, sondern von der Form ihrer Phrasierung zu lernen, die Perfektion, die sie erreichte, ebenfalls anzustreben. Und selbst wenn dieses Ziel nicht erreichbar war, war die Vorstellung des Ziels doch ein Motor, dem es gelang, aus „gut" immer noch ein „besser" zu machen.

Jahrelang hoffte ich, einmal Maria Callas auch persönlich zu begegnen, sie Aug in Aug zu sehen und mit ihr reden zu können. Durch einen Zufall sollte sich dann diese Gelegenheit doch noch ergeben, und zwar bei ihrem letzten Besuch in Wien. Freunde, die die Callas auf einem Empfang getroffen hatten, erzählten ihr von mir, und zwei Tage später besuchte sie mich mit ihrem Partner, dem weltberühmten Tenor Giuseppe di Stefano, in meiner Wohnung in Wien.

Zur Begrüßung hatte ich mir etwas Besonderes ausgedacht: Ich spielte ihre gemeinsame „Tosca"-Platte. Ich muß gestehen, daß mir die Tränen in die Augen traten, als die beiden von mir so verehrten Künstler die Treppe zu meiner Wohnung heraufkamen. Dieser Tag war für mich ein denkwürdiges Ereignis.

Maria Callas war schwarz gekleidet, wirkte ganz schmal und zart. Wir unterhielten uns auf englisch über alle möglichen Themen, kaum jedoch über Musik und die Oper. Dabei kamen wir unversehens auf ein Thema, von dem ich nicht wußte, daß es ihr ebenso am Herzen lag wie mir: Auch sie war eine leidenschaftliche Tierfreundin.

Wie der Zufall es wollte, lebten zu dieser Zeit nicht nur ein Hund und eine Katze in meiner Wohnung, sondern auch ein Meerschweinchen. Ich nannte es Maxerl, und kaum hatte die Callas es erblickt, war sie von dem possierlichen Tier so entzückt, daß sie es spontan auf den Schoß hob, die nächste Stunde nicht mehr losließ und es ununterbrochen streichelte. Maxerl hielt eine Weile still, dann begann er vorsichtig das Gelände zu erkunden und arbeitete sich von ihrem Schoß bis zum Dekolleté hinauf.

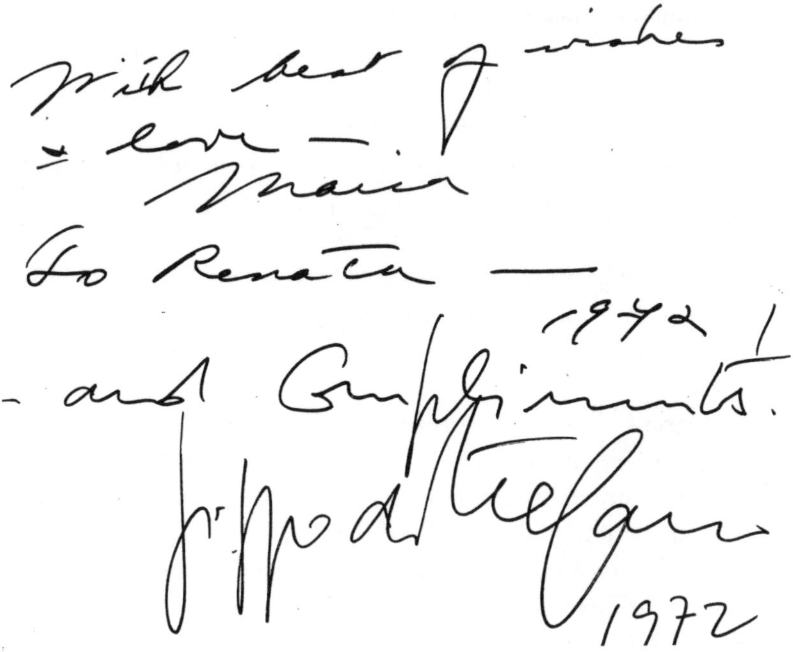

„With best of wishes – love – Maria to Renata“ und „– and Compliments. Giuseppe di Stefano“, schrieben mir Maria Callas und er ins Gästebuch.

Plötzlich stieß Maria Callas einen spitzen Schrei aus. Aber das Unglück war schon geschehen: Das liebliche, possierliche Meerschweinchen hatte reichlich ungeniert ihren Busen angefeuchtet. Ich war entsetzt, wie wenig Maxerl meinen Respekt vor Maria Callas teilte, aber dann quittierte sie meine Entschuldigungen mit einem Lächeln.

Trotz des despektierlichen Maxerl gehört die Erinnerung an diesen Nachmittag mit ihr und di Stefano zu den unvergeßlichen Eindrücken meines Lebens. Zurück blieb eine sehr persönliche, herzliche Widmung in meinem Gästebuch „von Maria und Giuseppe".

Maria Callas und Rudolf Schock! – Ich habe zeitlich etwas vorgegriffen, denn die direkte Begegnung mit Schock und die indirekte mit der Callas in Zusammenhang mit den Dreharbeiten zu „Schön ist die Welt" erscheinen mir heute wie Vorzeichen meiner zweiten Karriere als Opernsängerin. Als ich bei der Rückfahrt von den Außenaufnahmen zum ersten Mal die Stimme der Callas im Autoradio hörte, ahnte ich noch nicht, daß dieser Film der Schlußpunkt meiner Zeit als Schlager- und Filmstar sein würde.

Ein Telegramm aus Wien

Das Beste und meiste muß jeder sich selber sein und leisten. Je mehr nun dieses ist und je mehr demzufolge er die Quellen seiner Genüsse in sich selbst findet, desto glücklicher wird er sein.

Schopenhauer

Es war im Spätherbst 1956, da klingelte eines Tages in meiner Altbauwohnung in Berlin-Grunewald der Postbote und brachte mir ein Telegramm. Ein Telegramm aus Wien? Wen kannte ich denn eigentlich in Wien?

Die erste Rolle in Wien: Prinzessin Helene im „Walzertraum".

Ich las: „habe ihren film schoen ist die welt gesehen – bin begeistert – wuerde sie gerne in wien an der volksoper in meiner inszenierung ein walzertraum als prinzessin helene haben – wenn sie lust haben, waere ein vorsingen moeglich? – herzlichst – hubert marischka"

Ich setzte mich hin und las das Telegramm noch einmal, Wort für Wort? Sollte das möglich sein? War ich plötzlich meinem Traum nahe?

Dieses Telegramm aus heiterem Himmel war die Wende in meiner Sängerlaufbahn. Dabei kannte ich weder Hubert Marischka noch die Wiener Volksoper. Ja, ich muß es gestehen: Bis zu diesem Moment hatte ich überhaupt keine Oper von innen gesehen. Opernsängerin – das war im wahrsten Sinne des Wortes immer ein Traum gewesen.

Es folgte ein kurzer Briefwechsel zwischen Berlin und Wien, und sechs Wochen später fuhr ich mit meinem Ford von Berlin in Richtung Wien. Die Reise war nicht so einfach und bequem, wie sie heute ist, denn auf der Strecke Berlin–Hof, durch die damalige DDR, weiter nach München und Salzburg und von dort über Linz nach Wien, gab es erst kleine Stücke der heutigen Autobahn.

Es war bereits winterlich, und am Riederberg, als ich mich bald in Wien wähnte, war die Straße so vereist, daß ich prompt hängenblieb. Ich muß gestehen, daß meine Fahrkünste damals noch nicht voll ausgereift waren; ich gab kräftig Gas und – rutschte wieder ein Stück zurück.

Ziemlich hilflos umklammerte ich das Lenkrad, bremste mal und gab mal Gas und rutschte Stück um Stück die Straße rückwärts wieder runter. Plötzlich sah ich im Rückspiegel hinter mir einen Lastwagen immer näher kommen. Nun blieb mir nicht nur das Auto, sondern auch mein Herz stehen.

Ich zog verzweifelt die Handbremse. Dann stieg ich aus und ging zu dem Fahrer, der seinen Lastwagen auch anhalten mußte. Er beugte sich aus dem Wagenfenster, doch bevor er etwas sagen konnte, fragte ich ihn, ob er mir einen Rat geben könne, auf welche Art und Weise man über diesen Berg kommen kann.

Sofort stieg er aus, ging mit mir nach vorn zu meinem Wagen und erklärte mir geduldig, aber in österreichischem Dialekt, den ich kaum verstand, die Sache. Das klang etwa so: „No, wos habens denn, Freilein? Gehts nimmer? Des wer mer glei habn. Setzens eana eini. So. Und jetza gebns Gas – net so stoak – jetza – jetza – Vursicht! Den ersten, net den vierten Gang! Jetza – net so gach – – –"

Zitternd überwand ich schließlich nach so viel fachmännischer Anweisung im ersten Gang den Riederberg und erreichte glücklich Wien.

Vielleicht war es doch nicht so einfach, auf eine Wiener Opernbühne zu kommen?

Jedenfalls schlotterten mir auch am nächsten Vormittag, als ich die Volksoper betrat, die Knie vor Aufregung und Lampenfieber. Die erste Barriere, die ich in diesem Musentempel zu überwinden hatte, war der Portier.

Als ich auf seine Frage „Wohin wollen S' denn, gnä' Freilein?" artig meinen Namen nannte, meinte er: „Wie heißen S'?"

„Renate Holm", wiederholte ich, „und ich möchte zu Herrn Salmhofer."

„Den Herrn *Direktor* Hofrat Samhofer meinen S'?!" verbesserte mich der Portier. Es war meine erste Konfrontation mit der in Österreich so wertgeschätzten Titelflut.

Trotz dieses Fauxpas hielt er nun telefonisch Rücksprache mit dem „Herrn Direktor", um mich dann mit einem besonders huldvollen „Sie werden erwartet, gnädiges Freilein" in die Direktionsetage hinaufzuschicken.

Von den überaus freundlichen Herren, die mich dort empfingen, stellte sich als erster Hubert Marischka, der mir das Telegramm geschickt hatte, vor. Er war also der Regisseur. Der nächste, sehr seriös wirkende Herr war „Direktor Salmhofer", und der dritte war Anton Paulik, der Dirigent des „Walzertraums".

Alle vier gingen wir auf die Bühne, wo das Vorsingen stattfand. Da stand ich nun auf einer Opernbühne, wovon ich so lange geträumt hatte, und zum ersten Mal sang ich ohne Mikrophon.

Für das Vorsingen hatte ich mir zuerst die Arie der Gilda aus „Rigoletto" von Verdi ausgesucht. Sie liegt sehr hoch, reicht bis zum hohen „e" und kam meiner kleinen Stimme entgegen. Kaum hatte ich zu singen begonnen, wurde mir leicht schwarz vor Augen. Mitten in der Arie verlor ich plötzlich den Faden und landete bei den Koloraturkadenzen eine Terz höher, das heißt, in eine nicht mehr singbare Höhe.

Jetzt ist alles aus! dachte ich. Vorbei. Du hast dich blamiert. Eine schreckliche Panik ergriff mich. Ich mußte abbrechen. Wieder war es ein Moment, in dem mir die Tränen aufstiegen. Ich wußte, wenn ich jetzt weine, ist alles verloren. Die Worte der Waldeck „Mut, Kindchen! Mut! Mut und Technik!" fielen mir ein.

Also bat ich, noch einmal von vorn anfangen zu dürfen.

Verwundert registrierte ich, daß niemand entsetzt war, sondern daß alle in ein schallendes Gelächter ausbrachen. War ich eben noch vom Lampenfieber geschüttelt worden, erschien mir dieses befreiend fröhliche Lachen in dem Augenblick sehr hilfreich.

Ich wiederholte nun die Arie, diesmal ohne jeden Fehler, und erntete spontan Applaus von den Herren im Zuschauerraum.

Anschließend sang ich – für dieses Auditorium gewiß eher ungewöhnlich – mein bombensicheres „Chi sa", mit dem ich wenige Monate zuvor den Song Contest gewonnen hatte. Die für mich so wichtigen Herren in der Volksoper werden das Lied kaum gekannt haben, aber ich spürte in dem Moment, damit hatte ich ihre Herzen gewonnen.

Salmhofer hob den Zeigefinger: „Hat mir sehr gut gefallen. Vielleicht ein wenig klein die Stimme. Aber sie trägt."

Danach bot er mir einen Gastvertrag für den „Walzertraum"

an. Und schon am nächsten Tag schwebte ich glücklich mit meinem Auto über den Riederberg Richtung Berlin.

„Vielleicht ein wenig klein die Stimme", hatte Salmhofer gesagt. Vier Jahre lang hatten mich Tontechniker und Aufnahmeleiter immer wieder angehalten, eine Mikrophonstimme zu kultivieren. Aber jetzt mußte ich ohne Mikrophon singen. Während ich im Auto saß und von Wien nach Berlin zurückfuhr, hatte ich genügend Zeit, über alles nachzudenken. Ich würde nun ganz anders mit meiner Stimme arbeiten müssen, ich mußte sie unbedingt vergrößern. Diese Chance an der Wiener Volksoper sollte nicht vergebens sein. Würde man es mir abnehmen, wenn ich weiterhin noch „Tirilirili" sänge und gleichzeitig vielleicht Mozart-Partien studieren wollte? Sicher nicht! Es wurde mir klar, daß da eine ganz wesentliche Entscheidung auf mich zukam. Aber im gleichen Augenblick wußte ich auch schon, wie sie ausfallen würde.

Auch ein anderes Problem hatte ich zu überdenken: Die Gage an der Volksoper war erheblich geringer als das, was ich in der letzten Zeit verdient hatte. Und wer garantiert mir einen Erfolg mit dem „Walzertraum"? Ich hatte nur einen Gastspielvertrag. Würde man mir weitere Rollen anbieten, wenn ich kein erfolgreiches Debüt gab?

Es war ein Sprung ins kalte Wasser, aber ich wagte ihn. Kaum war ich in Berlin, sagte ich alle Verhandlungen über noch nicht geschlossene Verträge ab. Es gab noch einige Auftritte, die ich fest zugesagt hatte. Und es gab auch noch einen Filmvertrag, den ich bereits unterschrieben hatte: „Liebe, Mädchen und Soldaten" hieß der letzte Film, den ich unter der Regie von Franz Antel und mit Willy Hagara als Partner drehen sollte. Meine Schlager- und Filmkarriere würde damit beendet sein.

Jetzt war ich fest entschlossen, den Weg zu gehen, von dem Maria Ivogün gesprochen hatte: „Wenn Sie wollen, können Sie immer noch zur Oper gehen. Und wenn Sie es ganz fest wollen, werden Sie es auch eines Tages tun." Und nun wollte ich zur Oper gehen, wollte die Bretter, die die Welt bedeuten, betreten.

Genaugenommen war der „Walzertraum" gar nicht die erste Operette, in der ich „auf den Brettern" stand. Im Sommer 1955 hatte ich in einer Freilichtaufführung am Stuttgarter Killesberg das „Schwarzwaldmädel" gespielt und gesungen. Zusammen mit mir war die Münchner Schlagersängerin Gitta Lind verpflichtet worden. Aber die Leon-Jessel-Operette war vom Regisseur Peer Uli Faerber stark modernisiert und mit vielen Showeinlagen angereichert worden. Und natürlich hatten wir auf der offenen Bühne, wie ich es gewohnt war, mit Mikrophon gesungen. Diesmal würde es ohne Mikrophon gehen müssen. Wien – das war nun erstmals Operette pur.

Bei der Vertragsunterzeichnung an der Volksoper hatte man mir, wie man in Wien sagt, ein Zuckerl zugestanden: Da die Rolle der Prinzessin Helene im „Walzertraum" musikalisch gar nicht so attraktiv ist, würde man mir noch ein Lied zusätzlich einbauen, und zwar „Ein Schwipserl möcht' ich haben" aus einer anderen Oscar-Straus-Operette, „Rund um die Liebe". Es war sicher ein Zufall, wenn auch ein merkwürdiger, daß ich auch die Karriere auf der Opern- und Operettenbühne wieder mit einem Schwipslied begann. Das Lied gefiel mir recht gut, ließ sich auch darstellerisch in die Rolle gut einbauen, lediglich die Koloraturen erschienen mir wenig anspruchsvoll.

„Könnte man die Koloraturen nicht ein wenig ausbauen?" fragte ich Uher, den musikalischen Bearbeiter, als wir mit den Proben begannen.

„Warum nicht?" meinte er. „Bei Ihrer Stimme ist das für mich sogar ein Vergnügen!"

Ich kann nicht leugnen, daß ich noch ein wenig die Lucia der Maria Callas aus dem Radio im Ohr hatte, als wir nun gemeinsam neue Koloraturen hineinschrieben, die ich im Duett mit einer Flöte zu singen hatte. Gerade dieses Schwipslied, das gar nicht in den „Walzertraum" hineingehörte, sollte wesentlich zu dem glänzenden Erfolg, den ich mit meiner ersten Premiere an der Volksoper hatte, beitragen.

Es war der 18. April 1957. Nie werde ich das Gefühl vergessen, als ich mich mit meinen Kollegen, darunter dem operettenerfahrenen Schauspieler Fred Liewehr, dem berühmten Buffo Erich Kunz und der Burgschauspielerin Hilde Wagener, die hier ihren ersten Ausflug in die Operette unternahm, am Schluß verbeugte.

Noch nie in meinem Leben war ich so gespannt gewesen auf die Kritiken wie nach der Premiere des „Walzertraums". Es gibt Schauspieler und Sänger, die behaupten, Kritiken würden sie nicht besonders interessieren oder gar, sie würden sie nicht einmal lesen. Ich kenne keine Kollegen, die nicht doch wissen möchten, wie Kritiker ihre Arbeit beurteilen.

Zugegebenermaßen habe ich manchmal auch die Erfahrung gemacht, daß Kritiker die wochenlange Arbeit eines Sängers mit einem Satz zunichte machen. So habe ich einmal nach einer Neuaufnahme der „Entführung" erlebt, daß ein Kritiker das Blondchen überhaupt nicht erwähnte. Es war das erste Mal, daß ich einen Kritiker angerufen habe, um ihn zu fragen: „Sagen Sie, lieber Herr Doktor, gab es denn vorgestern in der ‚Entführung' kein Blondchen?" Worauf er lachend erwiderte: „Aber liebe Frau Holm, daß Sie das beste Blondchen sind, weiß ja jeder! Das muß ich doch nicht jedesmal schreiben?!"

Mit meinen ersten Wiener Kritiken nach der Premiere des „Walzertraums" konnte ich zufrieden und glücklich sein: „Die Überraschung des Abends aber war Renate Holm, die von Film und Schallplatte zwar weit bekannt ist, für die Bühne aber noch kaum entdeckt war. Sie verblüffte mit einer ganz reizenden, hellen und glockenklaren Sopranstimme und in ihrem Schwipslied mit gestochenen Koloraturen, die an jene der Lucia di Lammermoor erinnerten."

Und der Wiener Musikkritiker Karl Löbl, schon damals

VOLKSOPER

Donnerstag, den 18. April 1957

Anläßlich der 50jährigen Wiederkehr der Uraufführung
1907—1957

PREMIERE

Ein Walzertraum

Operette in drei Akten von Felix Dörmann und L. Jacobson

Musik von Oscar Straus

Textliche Neubearbeitung von Armin L. Robinson u. Eduard Rogati
Musikalische Bearbeitung von Bruno Uher
Eingerichtet für die Volksoper von Hubert Marischka

Musikalische Leitung: Anton Paulik
Inszenierung: Hubert Marischka
Bühnenbilder: Walter Hoesslin
Kostüme: Erni Kniepert
Choreographie: Dia Luca

Joachim XIII., regierender Fürst von Flausenthurn	Alfred Neugebauer
Prinzessin Helene, seine Tochter	Renate Holm
Graf Lothar, Vetter des Fürsten	Rudolf Drexler
Leutnant Niki Graf Hohenstein	Fred Liewehr
Leutnant Montschi Mayer	Erich Kunz
Friederike von Insterburg, Obersthofmeisterin	Hilde Wagener
Ferdinand Weigl, Restaurateur	Hubert Marischka
Franzi Steingruber, Dirigentin einer Damenkapelle	Sonja Knittel
Fifi, Schlagzeugerin einer Damenkapelle	Lizzi Holzschuh
Wendolin, Haushofmeister	Felix Knüpfer
Oberst Fürst Liechtenberg	Oskar Hugelmann
Der Adjutant des Obersten	Helmut Randers
Ein Husarenrittmeister	Eduard Fritsch
Erster Husarenleutnant	Franz Ramharter.
Zweiter Husarenleutnant	Willy Bertl
Dritter Husarenleutnant	Hans Temple
Vierter Husarenleutnant	Rudolf Thanhäuser
Ein Gast	Hans Rapant

Pagen bei Hof: Die Wiener Sängerknaben

Hofstaat, Hofgesinde, Ehrenjungfrauen, Honoratioren, österreichische Offiziere und Mannschaft, deutsche Offiziere und Mannschaft, Volk, Mitglieder der Damenkapelle

Ort der Handlung: Wien und Fürstentum Flausenthurn
Zeit der Handlung: 1907

Die erste Wiener Premiere am 18. April 1957.

Mit Fred Liewehr in „Ein Walzertraum“.

einer der strengsten und gefürchtetsten, schrieb über mich: „Eine Meisterin im gesanglichen Fliegengewicht!" Das war ein zweischneidiges Lob, denn ich freute mich zwar über die „Meisterin", verstand das „Fliegengewicht" aber als ironische Anspielung auf die „kleine" Stimme. Doch das sollte sich mit der Zeit ändern. Auch von Richard Tauber hatte man anfangs behauptet, seine Stimme sei wie ein Zwirnsfaden.

Um weiter an meiner Stimme zu arbeiten, mußte ich mir in Wien eine neue Lehrerin suchen. Ich fand sie in der Sängerin Maria Hittorff. Sie war es, die mir half, meine Stimme wesentlich zu vergrößern. Maria Hittorf, mit der mich bald eine enge Freundschaft verband, die wesentlich über die Beziehung Lehrerin/Schülerin hinausging, hat mich über viele Jahre in Wien betreut und beraten. Als sie schließlich Wien verließ, um ihren Lebensabend in Bonn zu verbringen, kam ich zu der isländischen Sängerin Svanhvit Egilsdottir, die lange Jahre meine Stimme betreute und mir wie eine Freundin in allen Schwierigkeiten und bei allen Problemen half. Auch die Wiener Gesangsprofessoren Ernst Scheurecker und Alfred Tuschak, die mich eine Zeitlang gesanglich betreut haben und manchen guten Rat gaben, wurden mir zu Freunden.

Doch zurück zum „Walzertraum". Die Aufführung war nicht nur bei der Wiener Kritik gut angekommen, sie erwies sich auch als Publikumsrenner der Volksoper und war ständig ausverkauft. Deshalb mußte mein Gastvertrag, der ja nur auf 20 oder 25 Vorstellungen abgeschlossen war, noch einmal verlängert werden.

Einen zusätzlichen, eher unfreiwilligen Lacherfolg hatten wir bei der dritten Vorstellung. Die Szene, in der ich mein Schwipslied zu singen hatte, begann mit einem Orchestervorspiel. Währenddessen setzte ich mich auf dem hinteren Teil der Drehbühne ans Spinett, und die Bühne wurde mit mir nach vorn gedreht. War das Bild eingedreht, mußte ich aufstehen, ein Glas Sekt nehmen und zu singen beginnen.

Bei allen Proben und den ersten beiden Vorstellungen hatte das immer zeitgenau geklappt. Auch an diesem Abend begann die Bühne mit mir am Spinett sich zum richtigen Zeitpunkt zu drehen, ich kam ins Bild, sah aus den Augenwinkeln zum Dirigenten, erhielt sein Zeichen zum Aufstehen – in diesem Moment hätte die Bühne stehen bleiben müssen. Aber – sie drehte sich weiter, ich hatte noch nicht das Glas in der Hand, da war ich schon wieder hinter der Bühne. Ich hörte, wie das Orchester erneut mit dem Vorspiel begann. Rasch setzte ich mich wieder ans Spinett, denn die Bühne drehte sich nun noch einmal nach vorn. Aber der Schrecken nahm kein Ende. Als ich aufstehen wollte, merkte ich, daß sich die Bühne schon wieder weiterdrehte. Unter dem Lachen des Publikums verschwand ich noch einmal, und das Orchester setzte wieder mit dem Vorspiel ein. Als ich das dritte Mal ins Rampenlicht kam, hatte ich meinen ersten Auftrittsapplaus. Diesmal blieb die Bühne endlich stehen, und in die letzten Lacher aus dem Publikum hinein begann ich mein Schwipslied zu singen.

Einige Monate später erfuhr ich noch von einem ganz anderen Erfolg, den ich – ohne davon eine Ahnung zu haben – Abend für Abend als Prinzessin Helene auf der Bühne verbuchen konnte, und zwar vor allem bei den Mitgliedern des Orchesters. Das hing weniger mit meiner Stimme als mit meiner damals recht attraktiven Figur zusammen. (Meine wohlverteilten 54 Kilogramm maßen in der Taille 51 und in der Oberweite 93 Zentimeter.)

Kurz vor dem Schluß mußte ich auf offener Bühne ein von der Kostümbildnerin Erni Kniepert entworfenes wunderschönes Hochzeitskleid anziehen. Dabei schützte mich ein Paravent zwar vor den neugierigen Blicken des Leutnant Niki, aber nicht vor denen des Publikums und des Orchesters. Es war vom Regisseur Hubert Marischka durchaus beabsichtigt, daß ich mein hübsches Mieder mit den rosa Schleifchen und weißen Strümpfen für das Publikum sichtbar anlegte.

Weniger Freude hatte daran der Dirigent Anton Paulik. Als

wir an einem Abend nach der Vorstellung noch im Kollegenkreis zusammensaßen, brummte er plötzlich: „Heute war's wieder ganz arg! Jedesmal hab' ich die größten Schwierigkeiten, das Orchester zusammenzuhalten, wenn die Holm sich auf der Bühne umzieht. Da schaut kein Musiker auf mich, was immer ich dirigier'!"

Bald hatte ich mich in Wien eingelebt. Im 9. Bezirk in der Schubertgasse mietete ich mir eine winzige Wohnung, die dann für einige Jahre noch mein Wiener Zuhause bleiben sollte. Direktor Salmhofer gab mir mit erhobenem Zeigefinger hin und wieder väterliche Ratschläge: „Immer hübsch fleißig sein und an der Stimme weiterarbeiten! Mit Ihnen hab' ich noch Großes vor. Aber arbeiten, arbeiten!"

Als mein Gastvertrag abgelaufen war, erhielt ich meinen ersten Zwei-Jahres-Vertrag mit einer fixen Monatsgage, die ungefähr ein Zehntel dessen war, was ich beim Film verdient hatte. Finanziell war das für mich ein beträchtlicher Rückschritt. Aber ich hatte mich nun einmal so entschieden. Daß ich nun wieder viel bescheidener leben mußte, fiel mir jedoch nicht schwer.

Die nächste Partie, die ich mit Maria Hittorff einstudierte, war die Adele in der „Fledermaus". Musikalisch war das weit weniger ein Problem als sprachlich. Als Berlinerin fiel es mir gar nicht so leicht, den richtigen Wiener Tonfall zu bekommen. Aber nicht an der Volksoper, sondern in Graz sollte ich schließlich meine erste „Fledermaus"-Adele singen.

Bei einem Gastspiel der Volksoper mit dem „Walzertraum" am dortigen Opernhaus hatte ich den Grazer Indentanden André Diehl offenbar mit dem Schwipslied in einen „Rausch" versetzt, jedenfalls kam er nach der Vorstellung zu mir und bot mir an, als Gast hier die Adele, aber auch die Papagena in der „Zauberflöte" und die Olympia in „Hoffmanns Erzählungen" zu singen.

Diehl hatte etwas von der väterlichen Attitüde Salmhofers,

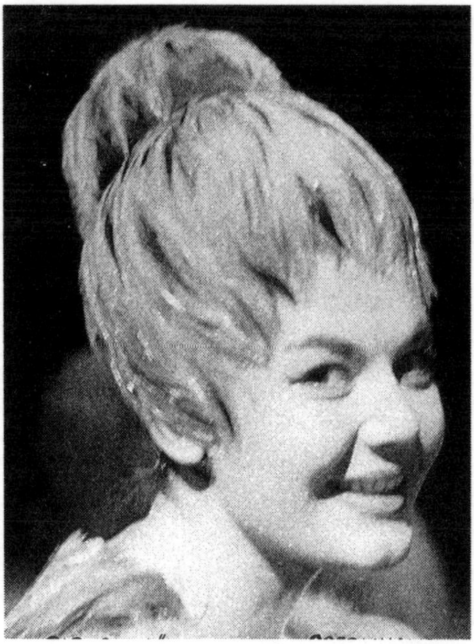

Meine erste Papagena 1959 in Graz.

auch wenn diese eher gütig und weniger streng wirkte als bei dem Grandseigneur der Volksoper. Aber vor allem hatte er ein Herz für junge Talente, bot ihnen eine Chance und förderte sie. Es war nichts Ungewöhnliches, daß junge, oft schon recht bekannte Sänger und Sängerinnen, die in Wien engagiert waren, in Graz die Möglichkeit bekamen, eine für sie neue Partie auszuprobieren, bevor sie sich damit dem kritischen Wiener Opernpublikum und der dortigen Kritik stellten.

Auch ich konnte nun diese drei neuen Rollen in Graz ausprobieren, die ich dann später an der Wiener Volksoper singen sollte. Bereits im Mai 1959 sang ich in Graz meine erste Papagena, im November folgte die Adele, und im Dezember stand ich zum ersten Mal als Olympia auf der Grazer Opernbühne.

„Mei oarme oalte Tant is so krank ..." – als Adele mit Gundula Janowitz (Rosalinde) in der „Fledermaus".

Die für mich als Berlinerin schwierigste Rolle war ohne Zweifel die Adele. In Graz stand mir bei den Proben der dortige Dirigent der „Fledermaus", Rudolf Bibl, hilfreich zur Seite, um in das wienerische Geheimnis der Straußschen Musik einzudringen. Der große Glücksfall aber war, daß der liebenswerte André Diehl selbst Regie führte und mit unendlicher Geduld mir auch sprachlich das „Wienerische" beibrachte.

Der für mich schwierigste Wiener Ausdruck war die „Tant", die arme alte Tante, die so krank ist, daß Adele sie angeblich dringend besuchen müsse, während sie in Wahrheit auf den Ball gehen möchte. „Mei oarme oalte Tant is so krank", sollte ich sagen, aber immer wieder wurde daraus eine „oarme oalte Tont". Nicht nur mich, sondern auch den armen Diehl brachte meine „Tont" fast zur Verzweiflung. Es war kein leichtes Unterfangen, aus der preußischen Renate eine wienerische Adele zu machen, und bei den ersten Aufführungen hatte ich noch manch unfreiwilligen Lacher.

Doch die Mühe sollte sich lohnen. Nach etwa zehn Vorstellungen in Graz war ich „Wien-reif" und durfte schließlich meine erste Adele mit großem Erfolg an der Volksoper singen, später dann auch an der Staatsoper. Es wurde eine meiner Glanzrollen, die ich lange Jahre immer wieder und dann auch in der berühmten Fernsehinszenierung von Otto Schenk spielte.

Das Blondchen mit dem hohen „e"

Es gibt nur ein Glück: die Pflicht – nur einen Trost: die Arbeit – nur einen Genuß: das Schöne.
Carmen Sylva

Das Jahr 1960 wurde entscheidend für meine Karriere auf der Opernbühne. Ich hatte hart und intensiv an meiner Stimme gearbeitet, neue Rollen einstudiert und in Graz bereits ausprobiert. Nun sollte sich der Erfolg dieser Arbeit zeigen.

Es begann am 8. Januar mit der Premiere von „Hoffmanns Erzählungen" an der Volksoper. Ich hatte ja die Olympia nur einige Wochen vorher in Graz gesungen und fühlte mich deshalb trotz meines Lampenfiebers etwas sicherer. Die Wiener Kritiken, eine davon hatte die Überschrift „Olympia-Sieg am Währinger Gürtel", bestätigten mir jetzt auch meinen Erfolg als Opernsängerin. Ich war sehr, sehr glücklich.

Noch im Sommer des gleichen Jahres folgte ein Engagement bei den Bregenzer Festspielen: In Johann Strauß' „Wiener Blut" sang ich die Pepi auf der Seebühne. Premiere war am 23. Juli, Heinrich Hollreiser dirigierte, und Regie führte Adolf Rott. Er war ein ungewöhnlich temperamentvoller und dynamischer Regisseur, ein Profi, der mit ein paar Scherzen sofort ein ideales Arbeitsklima zu schaffen verstand.

Die Arbeit mit Rott gefiel mir, und ich hatte den Eindruck, daß er mit mir bereits bei den Proben sehr zufrieden war. Doch die Überraschung kam nach der Premiere.

„Wissen Sie was", sagte er plötzlich, „Sie werden mein neues Gretchen. Ich mache im Herbst den ‚Wildschütz' an der Staatsoper."

Die erste Rolle an der Wiener Staatsoper:
Gretchen in Lorzings „Wildschütz".

Staatsoper? Ich fiel aus allen Wolken. Aber es sollte tatsächlich wahr sein. Einige Wochen später erhielt ich einen Gastvertrag für die Rolle des Gretchen in Lortzings „Wildschütz" von der Wiener Staatsoper. Meine Partner waren Irmgard Seefried, Karl Dönch und Waldemar Kmentt. Und die Premiere war am 31. Oktober.

Beim ersten Gang in die Staatsoper waren mir die Knie nicht weniger weich als damals beim ersten Vorsingen in der Volksoper. Aber diesmal sollte ich mehr Grund für mein Lampenfieber haben als drei Jahre zuvor. Von einigen wenigen Kollegen und Kolleginnen abgesehen, begegnete man mir im Haus am Ring mit deutlich spürbarer Skepsis.

„Wie kommt eigentlich diese Schlagersängerin hier ins Haus?" fragte man sich empört. Ein „Filmstar an der Staatsoper", das hatte es bis dahin in diesen geheiligten Hallen noch nicht gegeben. Dabei versuchte ich seit drei Jahren die Schlagersängerin und den Filmstar abzuschütteln. Nicht, daß ich mich dessen zu schämen glaubte, aber ich hatte doch inzwischen alles längst hinter mir gelassen, mich ganz der Bühne verschrieben. In der Volksoper hatte man das sofort akzeptiert, herrschte seit dem „Walzertraum" ein kollegiales, oft herzliches Verhältnis.

In der Staatsoper jedoch begann für mich eine Art Spießrutenlauf. Ich konnte nichts anderes tun, als mich ganz auf meine Arbeit konzentrieren und dadurch jeder Kritik, jedem Mißtrauen den Wind aus den Segeln nehmen.

Auch die Korrepetitoren waren sehr reserviert und behandelten mich besonders streng. Wieder kam mir meine Erziehung zu Bescheidenheit und Fleiß zugute und verschaffte mir im Laufe der Zeit bei ihnen eine Akzeptanz. Nach Jahren wurden jene Professoren, die mich am meisten gepiesackt hatten, meine besten Freunde und Berater. Diese harte Schule, die ich an der Wiener Staatsoper durchmachte, war sicher ein wesentlicher Grund dafür, daß ich überhaupt an die Spitze gelangen und mich fast drei Jahrzehnte dort halten konnte. Daß ich an jede Aufgabe mit dem gleichen Ernst heranging, ob es nun Oper, Operette oder Lied war, das ist – glaube ich – eines der Geheimnisse des Erfolges.

Die Tatsache, daß ich Schlager gesungen und Filme gedreht hatte, machten mir die Anerkennung als Opernsängerin viel schwieriger, als wäre ich eine unbekannte Anfängerin gewesen. Manche Kollegen und Mitarbeiter des Hauses, die nicht mit mir arbeiteten, hatten selbst nach der gelungenen Premiere des „Wildschütz" noch ihre Vorbehalte: „Na ja, eine hübsche, aber kleine Stimme. Einmal das Gretchen – und das wird dann ja wohl auch alles in diesem Haus gewesen sein."

Aber es sollte anders kommen. Das Gretchen war keineswegs alles gewesen.

Irgend jemand hatte offenbar Professor Karl Böhm erzählt, daß ich mühelos bis zum hohen „e" hinaufkäme. Böhm sah sich eine Vorstellung des „Wildschütz" an und bat mich dann um ein Vorsingen. Er wollte von mir das Blondchen aus der „Entführung aus dem Serail" hören. So stand ich eines Vormittags allein auf der großen Bühne der Staatsoper und sang zum ersten Mal die für mich noch neue Partie, ohne Probleme und bis hinauf zum hohen „e", was für mich eigentlich nichts Besonderes war.

Ich hatte keine Ahnung, daß es damals an der Staatsoper niemanden gab, der das Blondchen mit dem „e" sang. Für Böhm, der gerade eine neue „Entführung" einstudieren wollte, gab das den Ausschlag. Deshalb verdankte ich meine nächste und eine meiner erfolgreichsten Rollen überhaupt der Tatsache, daß ich die Blondchen-Arie im „Original" singen konnte.

Etwa vier Wochen später war es soweit: Am 25. November 1960 war die Premiere der neuen Wiener „Entführung". Zwei Tage später bekam ich einen Anruf aus der Direktion der Staatsoper. Über den Co.-Direktor Albert Moser wurde ich ins Allerheiligste zu Herbert von Karajan gebeten. Und Karajan bot mir einen fixen Vertrag an der Wiener Staatsoper an. Ein Traum erfüllte sich, der drei Jahrzehnte währen sollte: Ich wurde ein festes Mitglied des Ensembles. Da ich gleichzeitig noch an der Volksoper engagiert war, sang ich nun für einige Jahre an beiden Häusern.

Das Blondchen mit dem hohen „e" brachte mir den internationalen Durchbruch, denn in den nächsten Jahren stand ich in dieser Rolle auch auf zahlreichen ausländischen Opernbühnen, ich wurde sozusagen das „Blondchen vom Dienst". Schon im folgenden Jahre gastierte ich damit im Teatro Colón in Buenos Aires und bei den Salzburger Festspielen.

Schließlich sollte ich das Blondchen auch in einer Schallplattengesamtaufnahme der „Entführung" singen. Dirigent dieser Produktion war Josef Krips, der damals einen eigenen

1960 wurde ich von Karl Böhm als Blondchen („Die Entführung aus dem Serail") in Wien entdeckt.

„Wiener Mozart-Stil" kreiert hatte. Ich ahnte nicht, daß Krips nicht nur für seinen Mozart-Stil, sondern auch für seinen „Stil" im Umgang mit Sängern berühmt war.

An meinem ersten Aufnahmetag im Wiener Sophiensaal hatte mich Krips vorher zu einer üblichen kurzen Verständigungsprobe bestellt. Ich hatte mich in der Früh gut eingesungen und sang ihm nun mit voller Stimme meine Arie „Welche Wonne, welche Lust" vor. Krips war sehr zufrieden, und

Erwin Wohlfahrt war 1961 in Salzburg Blondchens Pedrillo.

Noch einmal als Salzburger Blondchen mit Georg Littasy als Osmin.

nachdem wir einige Tempi und Details besprochen hatten, blieb uns noch viel Zeit bis zum Aufnahme-Beginn.

„Singen Sie die Arie noch einmal!" meinte er nach einem Blick auf die Uhr, und ich wiederholte wieder mit voller Stimme „Welche Wonne, welche Lust."

Ohne daran irgend etwas auszusetzen, ließ er mich dann zu meiner großen Verwunderung die Arie insgesamt noch drei weitere Male wiederholen. Und er hatte dabei eine so bestimmende Art, daß ich nicht wagte, einen Widerspruch anzumelden. Ganze fünf Mal hatte ich die Arie voll ausgesungen und wußte nicht, wie lange meine Stimme nun noch durchhalten würde.

Aber auf diese Weise war die Zeit vergangen, und die Aufnahme begann, diesmal mit Orchester. Doch bei der dritten Wiederholung geschah, was ich befürchtet hatte: Ich war heiser. Da war nichts zu machen! Die Blondchen-Arie mußte für diesen Tag abgesagt werden, und ich ging deprimiert nach Hause.

Doch statt einer Benachrichtigung, wann die Aufnahme wiederholt würde, erfuhr ich kurz darauf, Krips habe auf meine Mitwirkung „verzichtet" und sofort eine andere Sängerin als Blondchen engagiert. Auf seine brutale Art war das die größte Enttäuschung, die ich je in meinem Beruf erlebt habe.

Bitter war auch die Erfahrung, die bei meinem ersten Blondchen in München mein Partner David Thaw als Pedrillo machen mußte. Nach der vielleicht dritten Vorstellung wurde ich in die Direktion des Nationaltheaters gebeten: „Liebe Frau Holm, wir haben da eine etwas ungewöhnliche und wohl einmalige Beschwerde: Ihr Partner, Herr Thaw, weigert sich, weiter mit Ihnen aufzutreten. Wir müssen für die nächste Vorstellung einen neuen Pedrillo engagieren, und das wäre nicht nur schwierig, sondern uns auch sehr unangenehm. Vielleicht, liebe Frau Holm, könnten Sie . . .?"

Der Grund war die Ohrfeige, die ich als Blondchen dem Pedrillo auf offener Bühne zu geben habe. Offenbar war meine

Ohrfeige in der letzten Aufführung nicht von schlechten Eltern gewesen und im temperamentvollen Eifer des Spiels etwas zu „realistisch" ausgefallen. Glücklicherweise konnte ich die Sache wieder ins Lot bringen, und mein armer Partner, der tatsächlich sechs Wochen lang Hörschwierigkeiten hatte, verzieh mir und trat dann doch weiter auf. Inzwischen lernte ich bis zur nächsten Vorstellung die „Bühnen-Watschn": Mit der ausholenden Hand klatscht man auf die eigene andere, die man vor die Wange des Partners hält und dann rasch wegzieht.

Mein Wiener Pedrillo Gerhard Unger war da viel härter im Nehmen: „Das macht mir gar nichts", meinte er, „solange du nicht genau aufs Ohr zielst!" Daraufhin erkor ich ihn zu meinem Lieblings-Pedrillo.

Unter meinem „rollendeckenden" Temperament hatte auch einmal Karl Dönch als Don Pasquale zu leiden. Als junge, leidenschaftliche Norina verpaßte ich ihm bei der Premiere 1964 in der Volksoper eine Ohrfeige, daß er wochenlang kein Wort mit mir sprach. Dieselbe Premiere brachte mir außerdem die erste und einzige Rüge des Orchestervorstands ein. Nach der Ohrfeige für den alten Don Pasquale hatte ich laut Rolle auch noch das Porzellan zu zerschlagen. Das war meine Lieblingsszene, denn hier konnte sich die durch mein Lampenfieber aufgestaute Spannung in der heftigen Aktion entladen. Leider achtete ich in der Rage nicht darauf, wohin ich das Geschirr schmiß, und die Scherben flogen bei der Premiere bis ins Orchester und gefährdeten die kostbaren Instrumente. Für die späteren Vorstellungen vertraute man mir deshalb nur noch unzerbrechliches Blechgeschirr an.

Im Jahr 1962 sang ich wiederum bei den Salzburger Festspielen in der „Entführung aus dem Serail". Für diese Salzburger Saison bekam ich noch ein weiteres, für mich eher ungewöhnliches Rollenangebot; es kam vom Burgtheater. In der Felsenreitschule inszenierte Rudolf Steinboeck Raimunds „Der

Bauer als Millionär" mit Josef Meinrad als Fortunatus Wurzel. Außerdem spielten Käthe Gold, Paula Wessely, Christiane Hörbiger, Kurt Sowinetz, Erik Frey, Otto Schenk und der großartige Hans Moser das hohe Alter. Und neben all diesen bewunderten Größen von „Burg" und „Josefstadt" sollte ich die Jugend verkörpern. Fast immer war bisher die Jugend mit einer Schauspielerin besetzt worden, die mehr oder weniger auch etwas singen konnte. Steinboeck jedoch hatte mich im Vorjahr als Blondchen auf der Bühne gesehen, und dank meiner Erfahrungen als Schauspielerin aus der Filmzeit gefiel es ihm besonders, daß ich nicht nur singen, sondern auch sprechen und spielen konnte. So wurde ich als Sängerin für ihn die Idealbesetzung der Jugend, die das berühmte „Brüderlein fein" zu singen hat. Noch heute bin ich stolz darauf, daß ich damals neben meinen prominenten Kollegen erstmals auch als Schauspielerin auf einer Bühne bestehen konnte.

Von dem Lied der Jugend, und zwar im Duett mit Hans Moser (auf der Bühne hatte ich es ja mit Meinrad zu singen) machten wir anschließend in Wien eine Schallplatte, eine Aufnahme, die berühmt wurde und noch heute, fast dreißig Jahre später gern gespielt und gehört wird. Moser war damals 82 Jahre alt, und da er kein Sänger war, hatten wir anfangs Schwierigkeiten, unsere Parts beim Duett präzise aufeinander abzustimmen. Nach dem dritten mißglückten Versuch war der Moser schon ganz verzweifelt und ich nicht weniger. Plötzlich fiel mir eine einfache Lösung ein: Ich nahm ihn liebevoll bei der Hand, und damit er genau nach meinem letzten Ton mit seinem Text kam, zwickte ich ihn jedesmal, wenn er beginnen mußte, und zwickte ihn ein zweites Mal, wenn er zusammen mit der Musik aufhören sollte. So klappte es schließlich hervorragend. „Liebe Renate, bleib immer so lieb. Herzlichst Dein Hans Moser", schrieb er mir damals ins Theaterprogramm.

In diesen ersten Jahren schien es so, als sollten die Kammer-

Josef Meinrad, der „Bauer als Millionär", mit der Jugend 1962 in Salzburg.

zofen die Glanzlichter meiner Karriere werden. Nach dem Blondchen sang ich 1962 auch die Adele an der Staatsoper. Weitere „Glanzlichter" waren dann noch die Susanne in Mozarts „Figaro" und die Despina in „Cosi fan tutte".

„Bezaubernd Renate Holm als Adele. Vor allem verdienen der Charme ihrer Persönlichkeit und die stimmliche Souveränität ihrer Gestaltung hervorgehoben zu werden. Die wienerischste Adele kommt aus Berlin!" schrieb die Kritik nach der ersten „Fledermaus" an der Staatsoper. Etwa 15 Jahre lang gab es dann kein Silvester ohne Adele. Gleich nach Weihnachten waren meist die harten Proben, und meine Silvesterfeier beschränkte sich, weil die „Fledermaus" ja auch am 1. Januar angesetzt wird, auf das Glas Mitternachtssekt.

Daß auch eine sommerliche „Fledermaus" ihre Tücken haben kann, erfuhr ich 1970 auf der Seebühne bei den Bregenzer Festspielen. Natürlich muß man damit rechnen, daß auf einer offenen Bühne mitten im Bodensee hier und da auch ein wenig der Wind weht, der einem zwar nicht gerade Fledermäuse, aber manchmal eine Mücke in den offenen Mund bläst. Aber mit geschlossenem Mund läßt es sich leider nicht singen. Noch schwieriger wird die Sache bei starkem Wind.

An so einem stürmischen Abend war es, als die Musiker verzweifelt mit ihren Notenblättern kämpften, während Wilma Lipp, die die Rosalinde sang, und ich aufpaßten, daß uns nicht eine Böe unter die weiten Röcke fuhr. Doch die Böe fuhr uns nicht unter die Röcke, dafür aber plötzlich unter die Perücken, die unversehens abhoben und davonsegelten. Während Rosalinde irritiert ihrer Haarpracht nachschaute, entsann ich mich meiner Dienstmädchenpflicht und lief ihnen hinterher, um sie einzufangen. Jedenfalls brachte uns dieser windige Abend einen zusätzlichen Publikumsapplaus.

Das weitaus größte Publikum hatte ich natürlich als Adele in der TV-„Fledermaus", die Otto Schenk 1971 für ORF und ZDF inszenierte. Gedreht wurde in Wien in den traditionsreichen Ateliers von Sievering.

Schenk und ich hatten damals schon oft miteinander gearbeitet, u. a. hatte er die „Fledermaus" mit mir in Wien und Berlin inszeniert. Aus Erfahrung wußte ich, wie er sich vor allem bei den letzten „heißen" Proben oft in seine Regie-Arbeit intensiv hineinsteigert. Da kann es dann passieren, daß so viel konzentrierte Anspannung einen Blitzableiter braucht, und der war unglückseligerweise meistens ich. Wahrscheinlich liegt das an meinem Talent, bei Hochspannung zur falschen Zeit die falschen Fragen zu stellen.

Ich erinnere mich an die letzten Proben zu Wolf-Ferraris „Il Campiello", 1966 an der Volksoper. Auslösendes Moment war vermutlich eine Regieanweisung Schenks, die ich ungeachtet des Zeitdrucks erklärt und begründet haben wollte. In diesem Augenblick entlud sich der Blitz. Ich weiß nicht mehr, was er sagte, aber er sagte es mit sehr lauter Stimme. Um so leiser und beherrschter antwortete ich ihm: „Danke, Otti. Das habe ich verstanden."

Die Probe war beendet. Aber im Stiegenhaus hörte ich ihn hinter mir: „Hörst! Du machst mich wahnsinnig, Holm!"

„Ich? Wieso?"

„Was soll das damenhafte Gequatsche? Du bist keine Dame! Du bist ein Kellerkind!" sagte er reichlich laut.

Ich drehte mich auf der letzten Stufe um und „flüsterte" zu ihm hinunter: „Lieber Otti, nur weil ich eine Dame bin, sage ich dir jetzt nicht, was ich über dich denke."

Bei der nächsten Probe kam er auf mich zu, nahm mich in den Arm und sagte: „Weißt du, Renate, das war ein Blödsinn, das mit der Dame!"

Er ist so ein großartiger Mensch und Regisseur, daß es mir nie gelang, ihm wirklich böse zu sein.

Auch während der Proben für die Fernseh-„Fledermaus" kam nach einiger Zeit so ein verflixter Probentag. Ein paarmal hatte ich seine Anweisungen schon mit einem „Wieso?" oder „Warum?" quittiert, und Otti brummte: „Holm, frag nicht so viel!"

Dann rief er von oben aus dem Glaskasten der Tontechniker: „Renate, wenn du hinter dem Schaukelstuhl mit dem Wächter stehst: *einischaun*!"

Ich hatte ihn nicht verstanden: „Was soll ich?"

Schenk zischte zwischen den Zähnen: „Einischaun!"

Ich: „Was heißt das? Einischaun!?"

Es folgte ein lautstarkes Gebrüll aus dem Glaskasten, das zuletzt in der Feststellung mündete: „Diese Holm fragt – das halt ich nicht aus!!!"

In diesem Augenblick begann ich haltlos zu weinen. Die Wimperntusche floß in Strömen über meine Wangen. Die

1971 bei den Proben zur TV-„Fledermaus“ mit Regisseur
Otto Schenk und Gundula Janowitz.

Probe mußte unterbrochen werden. Die Tränen waren mir peinlich. Ich sah nichts mehr, aber ich konnte sie nicht aufhalten. Plötzlich spürte ich, wie mich jemand in den Arm nahm, und ich hörte die Stimme von Gundula Janowitz: „So, Renate, und jetzt gehen wir einen doppelten Cognac trinken."

Eine Stunde später waren meine Augen noch etwas verquollen, aber man hatte mich total umgeschminkt, und die Probe konnte weitergehen. Als ich ins Atelier zurückkam, nahm Otti mich beiseite und flüsterte eine Entschuldigung. Aber ich nahm meinen ganzen Mut zusammen: „Otti! Diesmal nicht ins Öhrchen, diesmal vor allen Leuten!"

Ohne zu zögern nahm Schenk ein Mikrophon und entschuldigte sich bei mir vor dem versammelten Atelier.

Wann immer die „Fledermaus" im Fernsehen gesendet wird, wenn diese Szene kommt, sehe ich deutlich unter der Schminke meine noch geschwollenen Augenlider.

1979 erhielt ich von August Everding das Angebot, in München die Rosalinde in einer Neuinszenierung der „Fledermaus" zu singen. Der Rollenwechsel war verlockend, und ich nahm an. Irgendwann mußte ich ja von den Kammerzofen wegkommen! Nachdem ich mit großem Erfolg zuerst in München und dann noch in Lissabon die Rosalinde gesungen hatte, sollte ich die Partie natürlich auch in Wien singen. Nach intensiven Proben an der Staatsoper stand ich am 23. Juni 1980 erstmals hier als Rosalinde auf dem Programmzettel.

Unter diesem Datum findet sich in meinem Tagebuch die folgende Eintragung: „Heute sollte die erste Rosalinde in Wien starten. Welch teuflisches Pech. Um 4 Uhr früh aufgewacht. Husten, heiser!!! Absage – –. Ich bin sehr, sehr deprimiert. Habe mich ungeheuer auf diese Rolle vorbereitet, geradezu asketisch gelebt. Und nun das! – Trostlos ist auch dieser Tag, es regnet in Strömen."

Unter dem 27. Juni, an diesem Tag war „Palestrina" angesetzt, in dem ich den Ighino zu singen hatte, steht: „Drei Tage

Antibiotika geschluckt. Bin ganz zerschlagen. Aber ich *muß* singen." Und einen Tag später: „Palestrina ging sehr gut. Stimme ist voll in Ordnung. Bin sehr glücklich."

Aber die Enttäuschung über die abgesagte Rosalinde war so groß, daß ich trotz aller Angebote diese Partie nie mehr gesungen habe. Als mir Otto Schenk später noch einmal die Adele in einer Neuinszenierung der „Fledermaus" anbot, sagte ich ihm auch hier ab.

„Ach, Otti, ich fühle mich nicht mehr jung genug dafür."

„Des is doch ganz Wurscht", meinte er. „Des Oalter spielt keine Rolle. Für mich bist noch allwoi die beste Adele!"

Aber ich blieb dabei. Ich war zu selbstkritisch, denn ich muß gestehen, daß ich es später bereute, nicht über meinen eigenen Schatten gesprungen zu sein. Aber in allem Negativen steckt auch etwas Positives: Heute bin ich doch stolz, mich auf dem Höhepunkt von der Adele getrennt zu haben. So bleibt mir der Ruf, eine ideale Adele gewesen zu sein. Und so habe ich es dann auch mit anderen Erfolgs-Rollen gemacht, etwa der Zerbinetta oder Musette.

Es erfüllt jede Sängerin und jeden Sänger mit Stolz, zum Ensemble der Wiener Staatsoper zu gehören, noch dazu, wenn es wie bei mir drei Jahrzehnte sind. Denn die Staatsoper gehört zu den zwei oder drei besten und berühmtesten Häusern der Welt. Aber das bedeutet auch eine Verpflichtung dem Haus und seinem Publikum gegenüber. Es gilt, immer das Beste zu geben, wenn man diesen Ruf hat, in seinem Fach zur Spitzengarde zu gehören. Eine Premiere an der Staatsoper verlangt immer noch ein unwägbares Quentchen mehr an Leistung als an einem anderen Haus.

Natürlich ist es deshalb auch ein Wagnis, wenn man eine neue Partie zum ersten Mal gleich in Wien singt. Ist es möglich und ergibt es sich, wird man gern die neue Rolle zuerst an einem anderen Opernhaus ausprobieren. Als ich am Beginn meiner Karriere an die Volksoper kam, hatte ich das Glück, drei neue Partien zuerst in Graz ausprobieren zu können.

Ein späterer Glücksfall war das Teatro Colón in Buenos Aires, ebenfalls ein sehr berühmtes Opernhaus, aber als Stagione-Theater mit einer ganz anderen Struktur und – recht weit von Wien entfernt. 1964 war ich in Buenos Aires zum ersten Mal die Susanne im „Figaro“ und die Zerbinetta in der „Ariadne“, bevor ich diese Partien in Wien sang.

Natürlich waren das eher die Ausnahmen von der Regel. In den meisten Fällen wurde in Wien studiert und debütiert. Abgesehen von den zahlreichen Partien, die ich zuerst an der Volksoper sang, debütierte ich an der Staatsoper etwa als Sophie im „Rosenkavalier“, als Ännchen im „Freischütz“, sang die Isotta in der „Schweigsamen Frau“, den Ighino in „Palestrina“ und noch einige andere Rollen.

Auch meine erste Musette in der „Bohème“ sang ich an der Staatsoper, und zwar schon 1966. Es war eine Inszenierung von Franco Zefirelli, und am Pult stand Argeo Quadri. Neun Jahre später, im Frühjahr 1975, erreichte mich ein Anruf von André von Mattoni, dem Sekretär Herbert von Karajans, aus Salzburg: „Liebe Renate, eigentlich kennen wir deine Musette ja schon seit vielen Jahren, doch der Meister möchte es ganz genau wissen. Würde es dir etwas ausmachen, nach Salzburg zu kommen und ihm vorzusingen?“

Seit fast neun Jahren gehörte die Musette nun zu meinem Repertoire, und Karajan selbst war es gewesen, der mich vor 14 Jahren an die Staatsoper engagiert hatte. Doch tatsächlich hatte ich in den langen Jahren nie mit ihm zusammengearbeitet, aus dem einfachen Grund, weil ich nie in den Opern sang, die er dirigierte.

Also setzte ich mich in den Zug und fuhr nach Salzburg. Dort bereitete Karajan zusammen mit Zefirelli eine „Bohème“ für die Osterfestspiele vor.

Das Vorsingen fand auf der Bühne des Festspielhauses statt, inmitten der „Meistersinger“-Dekoration. Während unten im Parkett Karajan Platz nahm, betrat ich die Schusterstube des Hans Sachs. Natürlich sang ich zuerst den Musette-Walzer.

Probe für die Salzburger „Bohème" 1975 mit Herbert von Karajan.

Luciano Pavarotti, Herbert von Karajan und ich 1975 nach der „Bohème"-Premiere.

„Danke, sehr gut. Ausgezeichnet, Frau Holm!" hörte ich den Meister von unten. „Und jetzt singen Sie bitte das Gebet, den Beginn. Sehr leise und sehr eindringlich, bitte!"

Ohne zu zögern sang ich ein Stück jener tragischen Szene, in der Musette die sterbende Mimi zu Rudolf bringt. Als ich fertig war, kam Karajan mit schnellen Schritten auf die Bühne, küßte mich auf die Wangen und sagte: „Sie sind eine große Künstlerin. Ich freue mich auf unsere Zusammenarbeit."

Als wir anschließend noch zusammensaßen und über die Inszenierung und die Rolle der Musette sprachen, erklärte er mir, warum er mich so spontan aus allen, die ihm vorgesungen hatten, ausgewählt hatte: „Sie haben den Musette-Walzer wunderbar gesungen, Frau Holm. Aber den singen viele sehr gut. Doch daß Sie dann so unvermittelt von einer Minute zur anderen sich auf das Gebet umstellen konnten, das war fabelhaft. Das hat mich beeindruckt. So schnell macht Ihnen das kaum jemand nach!"

Die Aufführung war mit Mirella Freni (Mimi), Luciano Pavarotti (Rudolf) und Rolando Panerai (Marcel) besetzt. Trotzdem konnte ich als einzige deutsche Sängerin mit meinem erst spät erlernten Italienisch glanzvoll daneben bestehen: „Ein ausgezeichnetes Scala-Ensemble", schrieb der „Kurier" nach der Premiere, „mit einer excellenten Musette aus Wien: Renate Holm trat mit einem sehr lyrischen, langsamen, verführerischen Walzer auf, machte die Allüren der Kokotte glaubhaft und im Finale dann auch die Ergriffenheit vor dem Tode."

Die Salzburger „Bohème" wurde für alle Beteiligten ein Triumph. Karajan dirigierte die Oper in den nächsten Jahren dann noch einige Male in der gleichen Besetzung an der Wiener Staatsoper. Damals, nach der Premiere, schenkte er mir eine Rose. Ich habe sie gepreßt und mit dem Salzburger Programmheft aufgehoben.

Drei Tage nach der Salzburger „Bohème" gastierte ich als Musette unter Carlos Kleiber am Münchner Nationaltheater. Natürlich war ich noch völlig in der Rolle drin und auch in den von Karajan immer sehr exakt gewünschten Tempi. Bei der ersten Probe in München unterbrach Kleiber und fragte: „Was haben Sie für Tempi, Frau Holm? Wo haben Sie die her?" Offensichtlich war ich ihm zu langsam.

„Ich habe vorgestern die ‚Bohème' unter Karajan gesungen."

„Hm –", machte Kleiber. „Bei mir stirbt aber nicht die Musette, sondern die Mimi!"

Sich in so kurzer Zeit umzustellen, ist für einen Sänger nicht einfach. Aber an einem großen Haus wird man mit diesem Problem durch berühmte Gastdirigenten immer wieder konfrontiert sein. Nach einem „Rosenkavalier" unter Heinrich Hollreiser sang ich die Sophie drei Tage später auch unter Carlos Kleiber. An diesem Abend war der „Rosenkavalier" genau 25 Minuten eher zu Ende . . .

Diagnose: Fiebertage

Die Herrschaft über den Augenblick ist die Herrschaft über das Leben.
Ebner-Eschenbach

Lampenfieber ist eine der schrecklichsten und zugleich aufregendsten Krankheiten, die es in unserem Beruf gibt. Wenn ich geglaubt hatte, nach etwa zehn Berufsjahren würde es aufhören, so hatte ich mich gründlich geirrt. Also mußte ich es einkalkulieren und damit umzugehen lernen.

In der Praxis bedeutete das für mich: Beim Studieren einer Partie oder eines Liedes verwendete ich gut ein Drittel mehr Zeit, als notwendig war. Dadurch war ich so gründlich auf meine Aufgabe vorbereitet, daß ich trotz größter Aufregung am Abend (das ging manchmal so weit, daß ich wie in Trance agierte) keine Text- oder musikalischen Fehler machte. D. h., wenn ich auf die Bühne kam, konnte ich meine Rolle „wie im Traum". Der Vorteil dieses intensiven Lernens war, daß ich nach einem Jahr Pause die betreffende Rolle noch genauso sicher singen konnte und mit einer nur kurzen Probe davor mir alles wieder geläufig war.

Aber das Lampenfieber hat eine ganze Reihe von Begleiterscheinungen, die einem das Leben schwermachen und die man irgendwie in den Griff bekommen muß. Ich denke da zum Beispiel an die letzten Minuten vor einem Auftritt: Plötzlich ist mein Mund so trocken wie die Wüste Sahara. Abhilfe schafft da, kurz vor dem Auftritt ein griffbereites Glas – nicht etwa kalten, sondern lauwarmen Wassers irgendwo in den Kulissen zu deponieren, oder die stets gegenwärtige Garderobiere hält es dort bereit, damit man sich bei jedem Abgang den Mund anfeuchten kann.

Not macht erfinderisch. Ich bin dann auf den Trick gekommen, mir den Saft einer Zitrone auf meine linke Handfläche zu träufeln und während des Singens oder bei einem Zwischenspiel wie von ungefähr die Hand kurz am Gesicht vorbeizuführen und mit der Zunge die Zitrone aufzunehmen. Das zog die Spucke zusammen, und ich konnte beruhigt weitersingen.

Was könnte ich da noch alles erzählen und verraten!

Es gibt wohl keine Sorte von Lutschbonbons, die ich nicht ausprobiert hätte. Die Bonbons wurden eingeteilt nach schleimerzeugenden und anderen die Stimmbänder nicht beeinträchtigenden Bonbons. Alles, was Schleim erzeugt, darf man nicht nehmen, weil Schleim den Ton beeinträchtigt.

Aus Angst, daß etwas passieren könnte, nimmt man lieber gar nichts in den Mund und versucht es dafür mit manchmal minutenlangem Räuspern, wodurch es aber vorkommen kann, daß die Stimmbänder nicht vom Singen, sondern vom Räuspern gerötet werden. Meine Lehrerin gab mir dann den Rat, mich nicht zu räuspern, sondern nur zu schlucken. Doch wenn man an die 200mal geschluckt hat und der Schleim noch immer zwischen Kehlkopf und Stimmbändern hängt, dann beginnt man zu verzweifeln ...

Der wahre Horror für mich – und leider auch für die Menschen meiner Umgebung – sind insbesondere die letzten zwei Tage vor einer Premiere, das sind der Tag nach der Generalprobe und der Premierentag selbst. Jetzt muß ich vor allem sehr ökonomisch mit meiner Stimme umgehen. Abgesehen vom Singen treten die Stimmbänder nicht mehr in Aktion: kein Sprechen, kein Lachen, kein Laut, den die Stimmbänder produzieren. Nur Singen und Schweigen!

Das Nicht-Reden ist die beste Vorbereitung für eine Premiere, die zweitbeste ist Schlafen. Das allerdings nicht mehr vor der Premiere selbst, denn wenn der Körper zu ausgeruht, zu relaxt ist, fehlt ihm die Spannung, die man beim Singen auf der Bühne braucht. Die große Schwierigkeit am Abend ist nämlich, sich selbst gegen alles Lampenfieber in einen Zustand innerer Ruhe zu versetzen, die aber nicht spannungslos sein darf.

Am Tag der Vorstellung gibt es bestimmte Dinge, die man essen darf, und solche, die man nicht essen darf, weil sie die Stimme oder die körperliche Verfassung beeinträchtigen könnten. Es hat mich viele Jahre meines Sängerlebens gekostet herauszufinden, was man essen und trinken darf und was nicht.

Habe ich Appetit auf Milch, denke ich sofort: Milch verschleimt, und ich trinke sogar den Kaffee ohne Milch. Honig beruhigt zwar die Nerven – was gerade am Tag der Aufführung sehr angebracht wäre –, ist aber ebenso tückisch wie Milch. Wenn man gar wagt, eine Nuß zu essen, hat man sofort das Gefühl, eine Packung Reißzwecken vertilgt zu haben, so sehr reizt es den empfindlichen Hals!

Also läuft es darauf hinaus, daß man alles essen und trinken wird, was einem nicht schmeckt, dafür aber am Abend das Gefühl hat, alles, was möglich ist, für die Stimme getan zu haben. Nicht einmal das Bier für die ausgetrocknete Kehle *nach* der Vorstellung darf man so trinken, wie es einem am besten schmeckt, nämlich kalt. Für Sänger ist Bier nur mit Bierwärmer erlaubt!

Selbstverständlich sind diese äußeren Schwierigkeiten von den entsprechenden inneren Gemütsschwankungen begleitet, auch wenn man pausenlos dagegen ankämpfend eine seelische Ausgeglichenheit anstrebt. Geplagt von Selbstzweifel und Depressionen, läßt man sich von den Problemen des Banalen erschüttern. Plötzlich stören mich Dinge, die mir sonst nie aufgefallen sind oder um die ich mich an anderen Tagen kaum kümmere:

„Die Teppichfransen sind wieder völlig durcheinander!"

„Niemand hat heute die Blumen gegossen. Ausgerechnet an einem Tag wie heute muß ich wieder alles selbst machen!"

„Warum stehen alle Türe offen, daß die ganze Wohnung nach Essen riecht?"

Derlei Beschwerden werden natürlich schriftlich an die eigentlich sehr bemühten Hausgeister weitergegeben. Man verkehrt nur noch per Zettel wie der schwerhörige Beethoven. Und wenn das Aufschreiben einmal zu langwierig scheint, flüstert man. Und plötzlich kommt die Antwort auch im Flüsterton.

„Warum flüstert ihr denn?" frage ich flüsternd. „Müßt *ihr* singen oder ich?"

Von Mal zu Mal, von Premiere zu Premiere steigerte sich bei mir diese Sensibilität. Man spürt es, und man weiß es. Man ist fest davon überzeugt, seiner Umwelt immer mehr zur Plage und zur Last in diesen Tagen zu werden – ob es nun objektiv stimmt oder nicht. Also zieht man sich zurück und versucht, möglichst allein zu bleiben.

Ich nehme meinen Hund und wandere durch den Wienerwald. Diese Spaziergänge sind ein fester Bestandteil der Vorpremierentage. Während ich gehe, studiere ich meine Rolle, singe die Rezitative vor mich hin und spiele auch ein wenig. Die Leute, die mir begegnen, schütteln den Kopf, bleiben stehen und schauen mir nach.

Aber ich kann nichts anderes mehr denken als an die Rolle. Die Leute stören mich nicht. Und der Wienerwald kennt inzwischen alle Partien, die ich gesungen habe.

Das Lampenfieber steigert die Angst, etwas falsch zu machen, daß man am Premierenabend vielleicht nicht in der bestmöglichen Form und Verfassung ist. Es ist eine so starke Belastung, daß man schließlich sogar Angst vor dem Lampenfieber bekommt.

1964 bekam ich den Studienauftrag, die Zerbinetta in der „Ariadne auf Naxos" von Richard Strauss zu studieren. Den Vorschlag dafür macht der Studienleiter in Absprache mit der Direktion der Staatsoper. Daß man mir die Zerbinetta zutraute, war eine Auszeichnung und zugleich eine Herausforderung. Es ist eine außergewöhnlich schwierige Koloraturpartie, vielleicht sogar die schwierigste im Repertoire einer Koloratursängerin.

Mit Begeisterung und Engagement studierte ich nun etwa vier Monate diese Partie mit meiner Lehrerin und vor allem mit den Korrepetitoren der Oper. Dabei erinnere ich mich besonders gern an Professor Heinrich Schmidt. Er gehört zu der alten Garde der Studienleiter, die noch unter Richard Strauss gearbeitet hatten, und von Clemens Kraus war Schmidt jahrelang die rechte Hand gewesen. Gerade die älteren Korrepetitoren waren wegen ihrer Strenge gefürchtet. Auch Schmidt gehörte zu jenen, die mir mein erstes Jahr an der Staatsoper schwergemacht hatten.

Doch diesmal gingen Schmidt und seine Kollegen bei aller Strenge und Korrektheit mit mir viel sanfter um, ja sie konnten manchmal liebenswürdig und zuvorkommend sein. Vor allem die Arbeit mit Schmidt brachte mich ihm freundschaftlich näher. Ich schätzte sein Wissen und seine Erfahrung und nahm seine Ratschläge gern an.

Ich habe später erfahren, daß es die Zerbinetta war, mit der ich in Wien meine strengsten Kritiker überzeugen konnte. Von da an war ich selbst für die größten Skeptiker eine ernstzunehmende Künstlerin, und statt geringschätziger Blicke erntete ich Bewunderung.

Vor meiner ersten Zerbinetta in Wien sang ich die Rolle im Herbst 1964 in Buenos Aires. Und stolz registrierte ich die erste Kritik: „Renate Holm war berückend als Zerbinetta. Mit unfehlbarer Musikalität ließ sie den Strauss'schen Ziergesang hören, erklomm mit eleganter Geschmeidigkeit die dreigestrichene Oktave."

Mit solchen wunderbaren Kritiken konnte ich dann im April 1965 mit einer gewissen Sicherheit in Wien in eine Wiederaufnahme der „Ariadne" einsteigen.

Für diese schwierige Partie hatte ich also von Anfang an die

Als Zerbinetta in „Ariadne auf Naxos“ 1964 in Buenos Aires.

besten Voraussetzungen und Arbeitsbedingungen, hervorragende Kritiken und den Erfolg beim Publikum. Und trotzdem bekam ich gerade vor einem Auftritt als Zerbinetta jedesmal das ärgste und schlimmste Lampenfieber. Keine andere Rolle machte mich so nervös wie gerade diese, und das – objektiv gesehen – eigentlich ohne Grund.

Mein Lampenfieber fing bereits einen Tag früher an als üblich. Mit der Zeit steigerte es sich noch von drei auf fünf Tage vor jeder Aufführung. Und schließlich wurde ich Tage vor einer „Ariadne“ regelrecht krank und war mehr als eine Woche lang kaum ansprechbar.

Nach einigen Jahren wurde die Zerbinetta für mich eine so starke psychische Belastung, daß ich die Rolle, ohne die geringsten stimmlichen Schwierigkeiten gehabt zu haben, aufgab und nie wieder gesungen habe.

Aus diesem Grund ist es in meiner Sängerkarriere zu keiner Pamina („Zauberflöte“), zu keiner Gilda („Rigoletto“) und letztlich wohl auch zu keiner „Butterfly" gekommen. Aus der Angst heraus, nicht bestehen zu können, habe ich von vornherein auf bestimmte Partien verzichtet. So destruktiv kann Lampenfieber sein!

Auf der anderen Seite habe ich die Erfahrung gemacht, daß das Lampenfieber auch seine Vorteile hat. Es vermag eine ungeheure Spannung und merkwürdigerweise auch eine ungewöhnliche Energie (heute würde man das „Power" nennen) zu erzeugen. Ich habe erlebt, daß ich nach Einnahme von schwachen Beruhigungsmitteln zwar unter weniger Lampenfieber gelitten habe, aber längst nicht so agierte wie sonst. Freunde, die mich besonders gut kennen, haben das auch bemerkt und konstatiert, daß ich mich nicht so temperamentvoll und lustig – auch wenn die Stimme unbeeinträchtigt blieb – auf der Bühne bewegte, wie man es von mir gewohnt war. Also – was sollte ich tun? Baldrian ade und weiter frisch gelitten.

Von diesem Berufsfieber blieb ich auch bei Proben nicht verschont. Schon das Betreten der Wiener Staatsoper konnte mir da Herzklopfen bereiten, besonders wenn ich mit einem großen Dirigenten probierte, wie zum Beispiel mit dem unerbittlichen Karl Böhm.

Ich erinnere mich an die Proben für eine Neuinszenierung von Mozarts „Cosi fan tutte" im Jahr 1975. Erstmals sollte ich darin die Despina singen. Als bei den ersten Bühnenproben mit Orchester der Vorhang hinaufging und ich nach dem Cembalo-Akkord mit dem Rezitativ „Che vita maledetta" (Was für ein schreckliches Leben) begann, kam der erste Ton prompt eine Spur zu tief.

Böhm klopfte ab: „Se san a bissl tief, Frau Holm, gell?"

„Ja, Herr Professor. Entschuldigung!"

Ich wiederholte, versuchte den ersten Ton etwas höher zu denken. Aber ich war so entsetzlich aufgeregt, daß auch der wieder mißlang.

Ungewöhnlich und eindrucksvoll:
Als eher bäuerliche Despina wünschte mich
Regisseur Otto Schenk 1975 in der Wiener „Cosi fan tutte".

Böhm klopfte wieder ab: „Se san noch immer etwas zu tief. Bitte!!"

Beim dritten Mal war ich den Tränen nahe. Aber, um Gottes willen, nur nicht weinen! Jetzt nahm ich all meinen Mut und meine Beherrschung zusammen und stand am Beginn des Rezitativs einfach auf (die Regie forderte, daß ich sitzend beginne), und durch diesen „Aufsprung", der mich über meine Aufregung rettete, war der erste Ton genau richtig intoniert.

Glücklicherweise zeigte sich Otto Schenk, der Regisseur, verständnisvoll. „Wichtig ist, du bist echt!" kommentierte er mein Aufstehen. Ich schloß dann mit mir selbst den Kompromiß, daß ich zwar mit dem ersten Ton aufstand, um ihn besser und sicherer zu singen, mich dann aber bei der zweiten Phrase wieder in den Sessel setzte, so wie es Schenk haben wollte.

Die Probenarbeit mit Schenk vermittelte mir überdies eine neue Erfahrung, und zwar weil er eine ganz andere Auffassung von der Rolle der Despina hatte, als es bis dahin Tradition war. Bisher war Despina immer ein liebeswürdig vorlautes Stubenmädchen gewesen, mit einem reizvollen Dekolleté, schwarzen Seidenstrümpfen, hohen Stöckelschuhen und weißem Spitzenhäubchen, sehr kokett und auch ein wenig sexy.

Otto Schenk wollte es diesmal ganz anders haben. Er machte daraus eine Figur mit dickem Wollkleid, darüber eine riesige Leinenschürze, die Haare wurden zu einem Knödel à la Witwe Bolte zusammengebunden, statt schwarzer verführerischer Seidenstrümpfe trug diese Despina dicke gestrickte Wollsokken und statt Stöckelschuhen flache absatzlose Turnschuhe. Aus war es mit dem koketten Trippeln – es wurde geschlurft.

Die Schwierigkeit bestand nun darin, mit diesen Accessoires ausgestattet, ebenso verführerisch zu sein und ebenso leichtfüßig einherzuschweben wie im traditionellen Kostüm. Anfangs hatte ich das Gefühl, ständig gegen das eigene Kostüm zu spielen, und ich versuchte Otti zu bewegen, mir doch wenigstens ein weißes Häubchen, ein Paar feinere Strümpfe oder wenigstens einen kleinen Absatz an den Schuhen zu gestatten. Vergeblich. Es gab nicht einmal angeklebte Bühnenwimpern – alles war Natur!

Otti hatte dabei eine fabelhafte Art und Weise, mich in seinem Sinne zu überzeugen. Immer wieder versuchte ich mich ein bißchen dagegen durchzusetzen. Doch das gelang mir bei ihm nie. Ich habe oft unter seiner Regie gearbeitet, und es war jedesmal das gleiche: Er hatte immer recht.

Denn auch diesmal zeigte sich, diese Art und Auffassung lag mir mehr als alles, was ich vorher gespielt hatte. In den flachen, leichten Schuhen war ich beweglicher und lebendiger, als ich es in Stöckelschuhen gewesen wäre.

„Cosi fan tutte" 1975 an der Wiener Staatsoper
mit Eberhard Wächter, Gundula Janowitz,
mit mir als verkleideter Despina und Brigitte Fassbaender.

Das sind Erfahrungen, über die man im Leben nachdenkt: Warum war man in diesem oder jenem Fall so sehr gegen etwas eingestellt, von dem sich dann im nachhinein herausstellt, daß es vielleicht nicht unbedingt richtiger, aber ganz sicher besser und interessanter ist?

Der Erfolg und die Kritik bestätigten nach der Premiere Otto Schenks Konzeption: „Otto Schenk hat die ‚Cosi' inszeniert; er schlug fürs erste einmal einen großen Bogen um gewohnte herkömmliche Konzepte; er machte es ganz anders, denn Leichtigkeit, Grazie, Ironie sind einfach nicht seine Sache. Er strebt nach handfester Natürlichkeit, es darf auch einmal deftig-derb sein, einmal possenhaft, komisch, wenn sich nur etwas rührt auf der Bühne! . . . Renate Holm macht die Despina zu einem Prachtstück von Kammermädchen: mit urwüchsigem Humor, prächtig bei Stimme, nur in den Verkleidungsszenen von der Regie zur Übertreibung verführt."

Und der gestrenge Karl Löbl, der meine Karriere vom „gesanglichen Fliegengewicht" an über zwanzig Jahre mit seinen analysierenden, jede Veränderung und jeden Fortschritt registrierenden und konstruktiven Kritiken begleitet, schrieb: „Wirklich rollendeckend, wirklich komisch, als Figur völlig richtig – nämlich ohne jede Soubrettenmanier – gestaltete Renate Holm die Despina in der idealen Mischung aus Pikanterie und Lebensklugheit. Sie singt und spielt als einzige Mozart und da Ponte, nicht Operette."

Als wir beim Schlußapplaus bei der Premiere vor den Vorhang traten, sollte mich eine Bemerkung von Karl Böhm für alle Aufregungen und Schwierigkeiten während der Proben entschädigen. Während wir uns verbeugten, raunte er mir zu: „Sie waren fabelhaft. Mei Frau hat g'sagt, Se san fabelhaft, Se san die Beste. Und mei Frau versteht was davon, sie war Opernsängerin."

Wenn man auf das Lampenfieber vor einer Premiere oder Vorstellung keinen oder nur wenig Einfluß nehmen kann, um wieviel hilfloser ist man da bei Dingen, die von außen auf einen zukommen, physische Beeinträchtigungen oder psychische Belastungen, die die Höchstform, um die man sich am Abend bemüht, in Gefahr bringen. Gerade die Stimmbänder sind ein besonders sensibler Teil des Körpers, und sie müssen am Abend nicht nur funktionieren, sie müssen in Bestform sein.

Die Arbeit eines Sängers richtet sich einzig und allein nach dem Spielplan: Heute Susanna im „Figaro" und morgen Sophie im „Rosenkavalier", während tagsüber für die Neuproduktion einer ganz anderen Oper geprobt wird. Und nicht selten ist man während der proben- und spielfreien Tage auch noch Verpflichtungen für Gastspiele eingegangen, die mit Koffer ein- und auspacken, Hin- und Rückreisen verbunden sind.

Da kann man sein privates Leben nicht genießen, wie es

sich einem bietet, man muß es vielmehr in den Lücken des Spielplans und des eigenen Terminkalenders unterbringen. Doch die Ereignisse des Lebens richten sich leider nicht immer nach dem Spielplan.

Jede Sängerin hat das Problem ihrer kritischen Tage, die sich just vor einer wichtigen Premiere oder dem unaufschiebbaren Termin einer Schallplattenaufnahme ankündigen. Die hormonal bedingten Änderungen des Wasserhaushalts im Körper können sich durchaus auf die Stimmbänder auswirken. Da ist ein guter Facharzt wichtig, der weiß, wie man allen Eventualitäten medikamentös gegensteuern kann. In Wien ist das seit Jahrzehnten der inzwischen schon von ganzen Sängergenerationen gepriesene Dr. Kürsten, der mit viel Verständnis und Fachwissen bei fast allen Stimmbandproblemen Rat und Hilfe weiß.

Aber da gibt es auch das Phänomen der Schmerzverdrängung, wenn man weiß, daß man am Abend singen muß.

Im Frühjahr 1970 probten wir in der Volksoper für eine Neuinszenierung der Robert-Stolz-Operette „Venus in Seide". Vier Tage vor der Premiere fiel ich bei einer Probe meinem Partner Peter Minich zu temperamentvoll und so unglücklich in die Arme, daß ich mir meinen dabei brach. Die Rettung brachte mich ins Krankenhaus, und der Arm kam in Gips. Noch am gleichen Nachmittag probte ich mit dem Gipsarm wieder in der Volkoper. Nicht einen Augenblick hätte ich daran gedacht, die weiteren Proben oder gar die Premiere abzusagen.

Am Premierenabend sang und spielte ich also mit dem Arm in der Schlinge. Natürlich war ich in meiner Bewegungsfreiheit etwas gehemmt, und besonders das Umarmen meines Partners bereitete mir gewisse Schwierigkeiten. „Venus in Gips statt in Seide" variierte ein Premierenkritiker den Titel.

Schlimmer noch war eine „Fledermaus"-Aufführung, vor der ich mir eine Sehnenzerrung zugezogen hatte. So etwas kann bekanntlich mehr Schmerzen verursachen als ein gebrochener Fuß. Und das tat es auch an diesem Abend. Mit schmerzverzerrtem Gesicht humpelte ich bis in die Kulissen und überlegte, wo und wann ich mir als Adele einen Gang über die Bühne sparen konnte. Doch kaum war ich draußen, waren die Schmerzen nicht mehr zu spüren. Ich sang und spielte, als hätte ich keine Probleme mit dem Fuß. Aber als ich die Bühne verlassen hatte, setzten die Schmerzen wieder so heftig ein, als würde mir in den nächsten Minuten das Bein absterben.

Die Vorstellung abzusagen, gleicht einer totalen Kapitulation. Für mich ist das eigentlich nur denkbar, wenn die Stimme völlig versagt. Denn man kann sich vorstellen, wie schwierig es ist, von heute auf morgen einen Ersatz zu finden, jemanden, der die gleiche Partie singen kann, erreichbar und an diesem Abend verfügbar ist.

Schwerer noch als physische Schmerzen während einer Vorstellung sind oft psychische Belastungen zu bewältigen. Das bedeutet: spätestens im Moment des Hinausgehens jede Depression, jeden Liebeskummer und Schicksalsschlag zu verdrängen und an nichts anderes als nur an die Rolle zu denken.

Nie werde ich den Tag vergessen, an dem mein Vater gestorben ist. Am Vormittag erhielt ich das Telegramm, und am Abend mußte ich an der Staatsoper den Ighino in Pfitzners „Palestrina" singen. Eine Absage war nicht möglich, denn es gab niemanden, der hätte einspringen können. Also fuhr ich gegen Abend in die Oper.

Die Kollegen waren sehr rücksichtsvoll, und die Direktion schickte mir einen Arzt in die Garderobe. Zum ersten und einzigen Mal nahm ich vor der Vorstellung Beruhigungsmittel. Denn es war nicht irgendeine Rolle, die ich an diesem Abend zu singen hatte: Ighino ist der Sohn Palestrinas, und die Oper beginnt damit, daß Ighino das Leid seines Vaters beklagt.

Es hätte der szenarischen Anweisung „mit Tränen kämpfend" gar nicht bedurft, als ich sang:

„Der Gram des alten Vaters –
Ich kann ihn nicht so leiden sehn!“

Und etwas später krampfte sich mein Herz zusammen bei den Worten:

„Hast du vom Leid der Welt noch nicht gehört,
Davon die Dichter sagen?“

Ich mußte an meine erste Gesangslehrerin denken, an die „Butterfly“ und das Sofakissen, das ich damals im Arm hielt. Aber erst, als ich die Bühne verließ, rannen mir die Tränen über die Wangen.

„Hast du vom Leid der Welt noch nicht gehört?“ –
Als Ighino in Pfitzners „Palestrina“ 1978 an der Wiener Staatsoper.

Zwischen Buenos Aires und Moskau

So wie die Pausen ebensogut zum musikalischen Rhythmus gehören als die Noten, ebenso mag es auch in freundschaftlichen Verhältnissen nicht undienlich sein, wenn man eine Zeitlang sich wechselseitig mitzuteilen unterläßt. Strebende Menschen, von welchem Alter sie auch seien, können nicht immer parallel nebeneinander gehen; will man sich nun gar beständig bei der Hand halten, so entsteht daraus ein Hin- und Widerzerren, beiden Teilen unbequem und retardierend, wo nicht schädlich.

Goethe

Das Reisen gehört zu meinem Beruf als Sängerin, bedingt durch Konzerte, Gastspiele und Gastverträge an anderen großen Opernhäusern. Das begann bereits mit den zahlreichen Tourneen als Schlagersängerin und den Film-Verpflichtungen. Später, nachdem ich mir bei der Oper einen Namen gemacht hatte, bekam ich Angebote aus aller Welt. Und diese Reisen waren oft nicht nur weiter sondern meist auch anstrengender.

Dabei habe ich neue Erfahrungen machen können, vieles gesehen und kennengelernt, trotzdem hat mich nie in meinem Leben das große Fernweh geplagt. Weil ich durch meinen Beruf schon so oft und viel unterwegs war, habe ich privat nie besonders weite Reisen gemacht; es sei denn, ich konnte einen Urlaub in einem fernen Land mit einer beruflichen Verpflichtung verbinden.

Zu den entferntesten Städten, in denen ich aufgetreten bin, gehören Moskau, Los Angeles und vor allem Buenos Aires, das – man mag es kaum glauben – eines der größten, schönsten und zugleich auch bedeutendsten Opernhäuser der Welt besitzt, das Teatro Colón, benannt nach dem Entdecker Amerikas. (Colón ist das spanische Wort für Kolumbus.)

Proben-Besprechung für die Salzburger „Entführung“ 1961, hinter mir lehnt sich Fritz Wunderlich auf den Flügel.

Erinnerung an den unvergessenen Fritz Wunderlich. In Salzburg und anschließend in Buenos Aires waren wir Belmonte und Blondchen.

Buenos Aires, die 11-Millionen-Hauptstadt Argentiniens, hat ein sehr interessiertes und engagiertes Opernpublikum. Am Teatro Colón traten schon vor dem Zeitalter der Transatlantikflüge alle berühmten europäischen Sängerinnen, Sänger und Dirigenten auf. Ein Gastspiel am Teatro Colón waren damals sowohl Enrico Caruso wie Arturo Toscanini eine wochenlange Schiffsreise wert.

Nach italienischem Vorbild ist das Teatro Colón ein Stagione-Theater: Jede Produktion wird nur eine Saison lang gespielt und verschwindet dann wieder für immer vom Spielplan, wobei die einzelnen Produktionen von privaten Sponsoren mitfinanziert werden. Deshalb gibt es hier kein festes Ensemble, sondern man holt sich die Dirigenten, Regisseure und die Sängerinnen und Sänger für eine Saison aus der ganzen Welt.

Da die Gäste neben Hotel und Reise auch noch eine Spitzengage bekommen, kann sich das Theater für jede Rolle immer den zu der Zeit besten Interpreten leisten und – soweit verfügbar – auch engagieren. So ist jede Oper, die hier gespielt wird, mit Topstars von den großen Opernhäusern in aller Welt besetzt, und das macht den Ruf des Teatro Colón aus.

Als ich 1961 ein Angebot erhielt, im Herbst dieses Jahres das Blondchen am Teatro Colón in Buenos Aires zu singen, durfte ich durchaus stolz sein. Neben Anneliese Rothenberger (Konstanze) sollte dort Fritz Wunderlich den Belmonte singen, dem ich kurz zuvor zum ersten Mal in Salzburg begegnete, wo wir ebenfalls gemeinsam in der „Entführung" auf der Bühne standen.

Da es von Wien nach Buenos Aires keine Direktverbindung gab, dauerte die Flugreise mit allen Zwischenstopps lange anstrengende 31 Stunden. Dafür hatte ich dort am Flughafen einen „großen Bahnhof". Neben dem Manager der Oper, der mir einen riesigen Blumenstrauß überreichte, erwarteten mich eine Dame von der Agentur und ein Herr der österreichischen Botschaft.

Als ich das berühmte Teatro Colón zum ersten Mal betrat, war ich tatsächlich beeindruckt: ein Logentheater ganz in Rot und Gold mit sechs Rängen, rund 4000 Zuschauerplätzen und einer mehr als 1000 Quadratmeter großen Bühne. Das Gebäude, eine Mischung von Gründerzeit und italienischer Renaissance, war inzwischen mehr als ein halbes Jahrhundert alt. Leider waren das auch die mit entsprechend geringem Komfort ausgestatteten Garderoben. Außerdem roch es überall seltsamerweise nach Desinfektionsmitteln.

War es nun das Desinfektionsmittel, das hiesige Klima oder doch nur mein Lampenfieber? Jedenfalls bekam ich am Abend der ersten Vorstellung einen so trockenen Mund wie nie zuvor. Deshalb bat ich einen Bühnenarbeiter, vor meinem Auftritt mit einer Spritzpumpe etwas Wasser auf der Bühne zu versprühen, gemischt mit einer Spur Eukalyptus gegen den scharfen Desinfektionsgeruch.

Der Vorhang war noch geschlossen, als die Szene eingeläutet wurde. Ich kam von links auf die Bühne, atmete die angenehme Feuchtigkeit und den leichten Geruch von Eukalyptus. Von rechts kam Anneliese Rothenberger.

„Mein Gott!" rief sie, „was ist hier los? Es riecht ja entsetzlich nach Eukalyptus! Da kann ich unmöglich singen! Die Vorstellung muß aufgehalten werden. Wo kommt denn das her?"

„Oh, das war ich", sagte ich, „wegen dieser furchtbaren Trockenheit."

„Aber ich kann bei diesem Eukalyptusgeruch unmöglich singen."

„Und ich kann nicht singen, wenn es trocken ist."

Der Streit ließ sich nur beilegen, indem an diesem Abend nicht mehr gespritzt wurde. Später konnte ich dann durchsetzen, daß wenigstens ein wenig Wasser ohne Eukalyptus versprüht wurde. Doch von da an hatten die Rothenberger und ich ein etwas gespanntes Verhältnis.

Als Berlinerin vertrat ich in den USA die Wiener Musik;
hier bei einem Konzert in Los Angeles.

Drei Jahre später wurde ich wieder vom Teatro Colón eingeladen, diesmal um dort die Susanne im „Figaro" und die Zerbinetta in der „Ariadne" zu singen. Beide Partien hatte ich in Wien einstudiert, aber dort noch nicht gesungen. Inzwischen hatte ich eine Reihe von Gastspielen hinter mir, darunter in London, in der Schweiz und in Deutschland. Der letzte Auftritt vor Buenos Aires war ein Konzert am 29. August 1964 in der Hollywood Bowl in Los Angeles vor 25 000 Zuschauern. Da am 1. September im Teatro Colón die Proben begannen, wollte ich von dort direkt nach Buenos Aires fliegen.

Am Abend nach dem Konzert brachte mich mein Mann, der mich nach Hollywood begleitet hatte, aber nun nach Deutschland zurückfliegen mußte, in Los Angeles zum Flughafen. Da es in Kalifornien nicht besonders warm war, hatte ich ein Reisekostüm an und – im Arm eine riesige Mickymaus, die er mir als Talisman geschenkt hatte und die wir in keinen Koffer bekamen. Ich wollte mit der Abendmaschine nach Mexiko City fliegen, wo ich direkten Anschluß nach Buenos Aires hatte, um dort am nächsten Morgen anzukommen. Doch das Unheil begann bereits hier: Die Maschine nach Mexiko hatte zwei Stunden Verspätung, und als ich dank Zeitverschiebung etwa um halb vier Uhr in Mexiko City ankam, war der Anschlußflug schon weg.

Die nächste Maschine nach Buenos Aires ging erst am anderen Morgen. Es war heiß, und ich hatte nur meine Handtasche und die Mickymaus. Was sollte ich tun hier mitten in der Nacht, noch dazu ohne ein Wort Spanisch zu sprechen. Es gab nicht einmal ein Hotel direkt am Flughafen. Erst nach einer Weile fand ich jemanden, der englisch sprach und mich in ein nahe gelegenes, wenn auch nicht sehr komfortables und eher zweideutiges Hotel brachte. Dort stand ich nach drei Stunden todmüde wieder auf und fuhr, immer noch in meinem warmen Reisekostüm, durch die Gluthitze mit einem Taxi zum Flughafen zurück.

Doch die Maschine, mit der ich um 10 Uhr früh hätte in

Buenos Aires sein sollen, startete nicht, weil irgendwo ein Hurrikan tobte. Die einzige Möglichkeit, weiterzukommen, war eine zweimotorige Maschine, die über Guatemala bis Panama flog. Dieser Flug hatte das Flair des den Balkan durchquerenden Orient-Expreß'. Nach vier Zwischenlandungen war ich am Abend endlich in Panama – bei 35 Grad im Schatten immer noch in derselben Wäsche, im selben Kostüm mit nichts als meiner Handtasche und der „glücksbringenden" Mickymaus im Arm.

Doch an ein Weiterkommen an diesem Tag war wegen des Hurrikans immer noch nicht zu denken. Ich mußte wieder übernachten. Nach Buenos Aires zu telefonieren, gelang mir nicht, weil ich durch die Zeitverschiebung dort niemanden erreichte.

Erst am nächsten Tag bekam ich dann tatsächlich einen Direktflug nach Buenos Aires. Vom Flughafen fuhr ich, immer noch im völlig verschwitzten Reisekostüm mit der Mickymaus im Arm, sofort in die Abendprobe „Figaro".

Nie werde ich die erstaunten Gesichter von Christa Ludwig und Walter Berry vergessen: „Na, kommst du auch schon? Du hast dir wohl noch ein paar schöne Tage gemacht?"

Nach der hinter mir liegenden dreitägigen Odyssee war ich mit den Nerven so am Ende, daß ich haltlos zu weinen begann. Man brachte mir Kaffee und Orangensaft, und ich berichtete von meiner abenteuerlichen Reise. Die darauf folgende freundschaftliche Anteilnahme und Hilfsbereitschaft der Kollegen trösteten mich darüber hinweg, daß mein Gepäck sogar noch einen Tag später als ich selbst in Buenos Aires eintraf.

Ein Lichtblick nach dieser Odyssee quer durch den amerikanischen Kontinent war meine treue Pinschi, die mir in Wien schon seit Jahren den Haushalt führte und die ich gebeten hatte, nach Buenos Aires zu kommen, wo sie mich bereits erwartete, um mich die nächsten acht Wochen zu betreuen und zu bekochen. In dem Apartmenthaus Carcass, zwanzig Geh-

1964 sang ich in Buenos Aires meine erste Susanna in der „Hochzeit des Figaro“.

minuten vom Teatro Colón entfernt, hatte ich eine kleine Wohnung mit Küche gemietet. In dieser Saison hatte ich mit der Susanna meine längste und mit der Zerbinetta meine schwierigste Partie zu singen. Die anstrengenden Proben im Theater dauerten fast jeden Tag zehn Stunden, und ich war froh, wenn ich am Abend wieder daheim war und Pinschi mir die müden Füße massierte.

Wenn ich einen probenfreien Nachmittag hatte oder einen vorstellungsfreien Tag, fuhren Pinschi und ich am liebsten ins Grüne. Unser Ziel war der Park de Palermo mit prächtigen Blumenrabatten, die in allen Farben leuchteten, und schattigen Spazierwegen unter jahrhundertealten Eukalyptusbäumen. Am Ende des Parks gab es einen ganz besonderen Platz, wo ständig an die hundert Katzen lebten. Dort setzten wir uns auf eine Bank und fütterten die teils zutraulichen, teils halbwilden Katzen mit den Essensresten, die wir in den letzten Tagen für sie gesammelt hatten.

An manchen Tagen gingen wir statt in den Park de Palermo in den Zoo von Buenos Aires, einen der schönsten und großzügigsten Tiergärten, die ich kenne.

An einem wunderschönen Sonnentag wanderten wir wieder mit unseren obligaten Futtertüten ausgestattet in den Zoo. Wir ahnten nicht, daß unser Spaziergang diesmal mit einer tiefen Erschütterung enden sollte. Als wir nämlich am Ende der Gehege ankamen, entdeckten wir hinter einer Hecke etwas Furchtbares: Hier ganz hinten, weit abgelegen von den Besucherwegen, vegetierten auf einer winzigen eingezäunten Betonplatte 14 völlig abgemagerte und mit offenen Wunden bedeckte Pferde.

Wir waren völlig erstarrt, und ich begann verzweifelt nach einem Wärter zu suchen, den ich dann mit meinen wenigen Spanischbrocken und vor allem mit meinen nicht aufzuhaltenden Tränen dazu brachte, mir zu folgen. Auf meinen eindringlichen Hinweis „Pobre! Caballo pobre! – Arme Pferde!" lächelte er nur und erklärte lakonisch: „Comida para leon!"

Das ist Fressen für den Löwen. Wie gelähmt gingen Pinschi und ich nach Hause.

Es ist mein Pech, daß ich immer und überall auf die schlimmsten Fälle von Tierquälerei und Tierelend stoße und daß ich es dann nie lassen kann, der Sache nachzugehen, um auf irgendeine Weise Abhilfe zu schaffen. Ich sprach darüber mit Jutta, einer in Buenos Aires lebenden Deutschen, mit der ich mich angefreundet hatte. Sie hatte selbst eine große Pferdezucht. Jutta gehörte zu den Sponsoren der Oper und war eine leidenschaftliche Wagnerianerin.

Sie kannte ein paar einflußreiche Leute, an die ich mich wenden konnte. Außerdem bemühte ich mich darum, daß die österreichische Botschaft bei der Stadtverwaltung wegen der Pferde im Zoo intervenierte.

Als ich Jahre später wieder in Buenos Aires war, hatte es den Anschein, daß meine Bemühungen offenbar doch einen gewissen Erfolg gehabt hatten: Die Zoopferde waren an einem anderen Ort untergebracht, wo man sie regelmäßig fütterte.

Argentinien hat, wie die meisten Länder Lateinamerikas, eine kleine, sehr reiche Oberschicht, während ein großer Teil der Bevölkerung weitgehend in Armut lebt. Das größte Elend aber trifft man dort, wo die Ärmsten der Armen leben, in den Slums der Städte. Die Verhältnisse, die dort herrschen, sind erschütternd und kaum noch menschenwürdig zu nennen.

In Argentinien konnte man vielleicht erreichen, daß 14 verhungernde Pferde bis zu ihrem Tod gefüttert wurden. Aber was hätte man tun sollen gegen den Hunger und das Elend von Tausenden Menschen, gegen die Krankheiten und den Schmutz, in dem hier die Kinder aufwuchsen – oder vielleicht auch starben?

Jutta schüttelte den Kopf, als ich ihr vorschlug, Babysachen und Kinderkleidung zu besorgen und sie in den Slums zu verteilen. Gewiß, es wäre nur ein Tropfen auf den heißen Stein. Aber doch hatte ich das Gefühl, etwas bewegen zu müssen, und wäre es noch so wenig.

„Gut", sagte Jutta schließlich, wenn du unbedingt glaubst, du mußt es tun! Ich werde dich begleiten." Der skeptische Unterton in ihrer Stimme war nicht zu überhören.

Das Ergebnis meiner Mission war deprimierend. Die Frauen und Mütter wurden abweisend, als wir ihnen die Kinderkleidung geben wollten. Sie würden keine Geschenke brauchen, sagten sie und warfen uns die Sachen vor die Füße. Ihre Blicke wurden immer feindseliger, sie paßten auf, daß wir nicht etwa den Kindern selbst etwas gaben, und eine alte Frau spuckte zornig vor uns auf den Boden.

„Ich wußte es", sagte Jutta hinterher. „Sie sind zu stolz. Alle Argentinier haben diesen Stolz, egal, aus welcher Gesellschaftsschicht sie kommen. Diese Frauen haben sich an das Leben in den Slums, so wie es ist, gewöhnt. Sie kommen damit zurecht, sogar wenn ihre Kinder krank werden und sterben. Es ist ein schwieriges Problem. Die Regierung Peron hat sehr, sehr viel für die Armen getan, aber die Leute sind aus den neugebauten Wohnungen wieder ausgezogen und lieber zurück in ihre Slums gegangen."

Das war im Jahr 1964. Ich bin sicher, daß heute durch die Wirtschaftskrise und die Inflation das Elend in Argentinien und besonders in den Slums von Buenos Aires noch viel größer und schwieriger zu bewältigen ist. Damals hat mich dieses Erlebnis noch lange beschäftigt.

In den folgenden Jahren war ich noch dreimal in Buenos Aires (1966, 1968 und 1970) und sang in jeder Saison zwei Partien am Teatro Colón, so daß ich die Stadt immer besser und auch ein wenig von diesem Land kennenlernte. Argentinien ist ein Land faszinierender Gegensätze, die einem oft kraß erscheinen: die Slums und Armenviertel in der Stadt einerseits und andererseits die mit ungewöhnlichem Reichtum ausgestatteten Haziendas der Großgrundbesitzer, die Überbevölkerung in der Millionenstadt Buenos Aires und die menschenleere Weite der Pampas.

In diesen Jahren traf ich viele liebenswerte Menschen und gewann manche von ihnen zu Freunden. Wenn ich von Jutta, der Deutsch-Argentinierin, die dort Pferde züchtete, schon erzählt habe, dann muß ich auch Alicia erwähnen, eine Berliner Jüdin, die die Emigration hierher verschlagen hatte.

Alicia war mit einem Meter fünfundfünfzig nicht besonders groß, aber sehr schlank und zierlich. Trotz ihres Alters war sie von einer ungewöhnlich lebendigen Aufgeschlossenheit. Ihr weißes, immer tadellos frisiertes Haar hatte stets einen silberglänzenden Schimmer, der die modische Eleganz, mit der sie gekleidet war, noch betonte. Und sie hatte ständig eine Zigarette im Mund.

Wie Jutta hatte sie eine große Leidenschaft für die Oper und freute sich besonders, wenn Gäste aus Berlin oder Wien am Teatro Colón engagiert waren.

Fast Tag für Tag besuchte sie uns in unserem Apartement, und Pinschi, die sie vom ersten Tag an in ihr Herz geschlossen hatte, kochte ihr ein typisches Berliner Gericht, am liebsten Pellkartoffeln mit Quark und Leinöl. Letzeres brachte ich ihr eigens aus Europa mit. Die übrige Zeit verbrachte Alicia hauptsächlich bei den Proben in der Oper.

Sie hatte kein leichtes Schicksal hinter sich. In Deutschland war sie ins KZ gekommen, wo sie Furchtbares mitgemacht hatte, dann aber doch irgendwie geflohen war und sich auf abenteuerlichen Umwegen bis nach Argentinien durchgeschlagen hatte. Hier hatte sie sich schließlich gut, aber nicht gerade reich verheiratet.

Sie sprach gern von Deutschland und Berlin. Es berührte mich tief, wenn sie unsentimental und eigentlich ohne Verbitterung mir von ihren Erlebnissen im KZ berichtete, denn zum ersten Mal erfuhr ich durch sie authentisch und bis in die furchtbaren Einzelheiten, was sich damals in Deutschland abgespielt hatte und wovon die Welt meiner Kindheit nicht berührt worden war.

Nach Argentinien waren von Europa zwei Emigrationswellen gekommen, aus denen sich ein großer Teil des engagierten Opernpublikums rekrutierte, die erste nach 1933 und die zweite nach 1945. Begeisterten sich die frühen Emigranten vor allem für Mozart und Richard Strauss, so waren unter den späteren zahlreiche Wagnerianer. Beide Gesellschaften existierten hier friedlich nebeneinander, wenn es auch wenig Kontakte zwischen ihnen gab.

Da ich in beiden Gesellschaften nach einiger Zeit zahlreiche Verehrer hatte und darüber hinaus auch mit einigen aufs engste befreundet war, versuchte ich mehrmals eine Party zu organisieren, auf der sich die Opernfans beider Lager hätten treffen sollen. Aber zuletzt mußte ich einsehen, was mir Alicia von Anfang an prophezeit hatte: „Die einen *oder* die anderen – ja. Aber beide miteinander, das wird selbst dir, Renatchen, nie gelingen! Esta la vista!"

Als unser Aufenthalt nach acht Wochen zu Ende ging, hieß es Abschied nehmen von Jutta und Alicia, von unserer kleinen Wohnung in Carcass und von den Katzen im Park de Palermo. Wir hatten uns erstaunlich gut eingelebt in diesem fremden Land, und besonders Pinschi konnte inzwischen besser Spanisch als ich. „Das war auch notwendig", meinte sie, „damit ich beim Einkaufen die Preise hinunterhandeln kann."

Mit Grauen dachte ich jetzt wieder an meine Irrflüge vor zwei Monaten von Los Angeles hierher. Der Rückflug würde, so hoffte ich, trotz einiger Zwischenstopps nicht so unangenehm und abenteuerlich sein. Der erste Zwischenstopp war Rio, und da Hurrikans um diese Jahreszeit seltener sind, bestiegen wir die Maschine voller Optimismus.

Das Wahrzeichen von Rio ist der Zuckerhut, und direkt zu Füßen dieses eindrucksvollen Berges liegt auch der Flughafen. Kurz vor Rio kamen wir in ein ungeheures Gewitter mit Blitzen und Sturmböen. Unter diesen Umständen war es schwierig, die Maschine zu landen, ohne Gefahr zu laufen, von einer Böe gegen den Berg gedrückt zu werden. Mehrmals umkreiste der Pilot den Zuckerhut, um dann doch nicht zur Landung ansetzen zu können.

Plötzlich wurde mir in der schwankenden und rüttelnden Maschine schwarz vor Augen. Ich bekam einen Kreislaufkollaps, mußte erbrechen. Da das Flugzeug voll besetzt war, legten mich die Stewardessen auf den Boden im Mittelgang. Pinschi schob mir eine Jacke unter den Kopf, und man versorgte mich mit jeder Menge Eisbeutel. Ab und zu sah ich aus dem sich schräg legenden Flugzeug die Spitze des Zuckerhuts, den der Pilot wieder und wieder umkreiste, ohne landen zu können. Als nach einer Ewigkeit das Flugzeug endlich hinunterging, hatten wir eineinhalb Stunden den Zuckerhut umkreist, und ich bekam, gestützt auf Pinschi und mit zitternden Knien, wieder festen Boden unter die Füße.

Diese Erlebnisse zwischen Hollywood, Buenos Aires und Rio haben meine Lust an weiten Reisen weitgehend gedämpft. Und wenn mir später jemand von Rio und dem berühmten Zuckerhut vorschwärmte, konnte ich nur müde abwinken: „Der ist mir unvergeßlich! Ich habe ihn oft genug gesehen."

Gastspielreisen sind meistens weit weniger abwechslungsreich, dafür anstrengender, als sich das vielleicht ein Außenstehender vorstellt. Von der fremden Stadt, in der man auftritt, sieht man häufig nicht viel mehr als das Hotel und die Oper oder den Konzertsaal. Die knappen Zeiten dazwischen braucht man, um sich auszuruhen oder auf die Vorstellung vorzubereiten. Selten gestattet der Terminkalender, noch ein paar Tage für Sightseeing oder Urlaub anzuhängen.

Aus heutiger Sicht, nach den politischen Veränderungen in Osteuropa, sind vielleicht die Erinnerungen an einen Aufenthalt in Moskau vor zwanzig Jahren ganz aufschlußreich. Denn im Herbst 1971, als die Wiener Staatsoper etwa zwei Wochen im Bolschoi-Theater gastierte, war von Entspannung und Abrüstung noch lange keine Rede, geschweige von Perestroika oder Glasnost.

So wie in Amerika die Straßen von Werbetafeln und -plakaten gesäumt sind, empfingen uns in Moskau schon am Flughafen große Transparente mit antiamerikanischer und antideutscher Propaganda, Hetzparolen mit primitiven, aber eindringlichen Bilddarstellungen, etwa einen deutschen Soldaten, der einen russischen Bauern niederknüppelt. Und das immerhin 26 Jahre nach Kriegsende und obwohl es auch einen deutschen sozialistischen „Bruderstaat" gibt. Wie sollen Menschen, die jahrzehntelang mit solchen Parolen und Vorstellungen konfrontiert waren, jetzt innerhalb weniger Jahre völlig umdenken? Drehte man im Hotel das Fernsehgerät an, erging es einem nicht anders. Überall, wo man hinkam, wurde einem der dekadente und vor allem brutale Kapitalismus amerikanischer Prägung vor Ohren und Augen geführt. Bei der Bevölkerung blieb dieses propagandistische einseitige Zerrbild nicht ohne Wirkung.

In Moskau, wo man überall auf der Straße, im Hotel oder bei den Taxifahrern den Merkmalen des kalten Krieges begegnete, war das Theater die Ausnahme von der Regel. Natürlich wurde auch hier nicht gleich die Revolution geprobt, aber man redete verständnisvoll miteinander, bekam auf eine offene Frage eine offene Antwort oder Erklärung. Die Theaterleute, die selbst durch ihre Gastspiele das westliche Ausland kannten, verstanden unsere Schwierigkeiten und Probleme hier, und sie halfen uns, so gut sie konnten, darüber hinweg.

Wir gastierten mit der „Hochzeit des Figaro" und dem „Rosenkavalier". Da das fast 200 Jahre alte Bolschoi-Theater als russisches Nationaltheater galt, bei dem der Anteil an ausländischen Opern und Balletten auf dem Spielplan damals bei 20 Prozent lag, war es sicher für viele unserer Zuschauer die erste Begegnung mit einer Mozart- und mehr noch mit einer Strauss-Oper. Dennoch waren wir sehr überrascht über die zurückhaltenden Reaktionen aus dem Publikum, selbst wenn es den italienischen oder deutschen Text nicht verstand.

Welche Begeisterung hatte ich beispielsweise in Buenos Aires erlebt, wieviel Ovationen, Bravos und Blumen erhalten! In Moskau reagierte das Publikum mit höflichem, aber wenig auffälligem Applaus. Waren wir nicht gut gewesen? fragten wir uns am Schluß der ersten Vorstellungen. Hatten wir nicht gefallen?

O doch, ganz sicher! wurden wir aufgeklärt, aber die Menschen hier haben sich daran gewöhnt, keine auffälligen Reaktionen zu zeigen. In einer Diktatur, in der jede Kritik ein lebensgefährliches Wagnis ist, traut sich auch niemand, offen Begeisterung zu zeigen.

Um so offener und herzlicher war die Anerkennung im Haus selbst, der Mitarbeiter des Theaters und der russischen Kollegen. Innerhalb der Mauern des Bolschoi-Theaters bewahrheitet sich das Wort von der Kunst, insbesondere der Musik, die Menschen und Völker verbindet. Es tröstete uns über unsere tagtäglichen Moskauer Erfahrungen hinweg, daß es auf dieser Ebene nur eine Sprache gibt, die über Grenzen hinweg alle verstehen und lieben.

Als Susanna im „Figaro" war Heinz Holecek in der Titelpartie mein Partner. Doch der Unglückliche fing sich im kalten Moskau eine böse Grippe ein. So mußte sich seine Susanna auch als „Schwester Renate" bewähren: In seinem Hotelzimmer machte ich ihm heiße Umschläge und bereitete ihm Lindenblütentee, dessen Wirkung nach seiner Überzeugung durch die Zugabe von Wodka so gesteigert wurde, daß er schließlich doch keine der geplanten Vorstellungen absagen mußte. Auch wenn wir schon seit Jahren ein freundschaftlich kollegiales Verhältnis hatten, verdanke ich offenbar seitdem seine ungebrochene Freundschaft meiner „schwesterlichen" Fürsorge während seiner Moskauer Grippe.

An einem der wenigen spielfreien Tage ließ ich es mir nicht nehmen, mich über eine Stunde in die lange Schlange auf dem Roten Platz einzureihen, um einen Blick auf den

1971 mit Heinz Holecek und Christa Ludwig in Moskau.

sowjetischen Staatsgründer Lenin in seinem Mausoleum zu werfen.

Hier inmitten der Moskauer oder beim Spazierengehen durch die belebten Straßen bekommt man auch dann ein wenig von der Atmosphäre und der Mentalität der Menschen mit, wenn man deren Sprache nicht versteht.

Unvergeßlich bleibt mir der Eindruck, als ich zufällig vor einem Abgang der Moskauer U-Bahn stand. Plötzlich kam mir ein dichter Strom von Menschen entgegen. Alle hatten das gleiche Schrittempo und sahen irgendwie ähnlich aus. Dabei schien es, als hätten sie keine Gesichter, weil sie die Köpfe nach unten beugten, daß man nur Hüte und Kopftücher sehen konnten.

„In diesem Land darf man nicht auffallen", hatte mir ein Kollege im Theater erklärt. „Es kann immer gefährlich sein, wenn man anders ist, etwas anderes tut als die Menge, wenn man die Aufmerksamkeit auf sich lenkt."

Hier lenkte niemand die Aufmerksamkeit auf sich, selbst wenn er nur aus der U-Bahn kam. Sie hatten sich in ihr Schicksal ergeben, hielten den Kopf gesenkt. Machte sich schon verdächtig, wer nur aufschaute?

Zwanzig Jahre sind seitdem vergangen. Auch in Rußland, in der Sowjetunion hat sich viel verändert. Aber wenn wir die Zeitungen lesen, die Nachrichten hören, wissen wir noch lange nicht, wie diese Veränderungen weitergehen, wohin sie wirklich führen. Erst wenn uns die Menschen dort eines Tages erhobenen Hauptes entgegenkommen, werden wir wissen, daß die Perestroika gesiegt hat.

Lieben nach Spielplan

Alles Glück der Ehe besteht im gegenseitigen Vertrauen und in gegenseitiger Zuvorkommenheit. Die tolle Liebe ist bald dahin – man muß einander achten, und eines muß dem anderen dienen, man muß wahre Freundschaft füreinander empfinden, um in einer Ehe glücklich zu leben

Maria Theresia

Jeder Mensch kann seinen Beruf so ernst nehmen, so intensiv betreiben, daß darüber – gewollt oder ungewollt – sein Privatleben zu kurz kommt. Bei Sängern liegt das besonders nahe. Wenn man als junges Mädchen davon träumt, Sängerin zu werden, denkt man natürlich nur an die schönen, glänzenden Seiten dieses Lebens auf der Bühne.

Aber kaum ein Beruf schränkt das Privatleben so sehr ein wie der Beruf des Sängers oder der Sängerin. Es sind ja nicht nur die Termine, die Proben und Vorstellungen, die man berücksichtigen muß. Es kommen die Vorbereitungen dazu, die Rücksicht auf Stimme und Kondition, wenn man am Abend singen muß, das Einsingen, das Einstimmen auf die Rolle. Es ist ein Leben nach dem Diktat des Spielplans. Er bestimmt sogar, was man in seiner freien Zeit tun darf und lassen muß.

Leben nach Spielplan heißt nicht zuletzt auch lieben nach Spielplan. Selbst der privateste Teil unserer Lebensgeschichte wird von der Karriere bestimmt. Jahrzehntelang habe ich als Frau und Sängerin immer wieder ein Duell mit mir selbst auszufechten gehabt. Und oft genug blieb die Frau auf der Verliererseite. Der Beruf einer Sängerin erfordert vom Lebenspartner ein überdurchschnittliches Maß an Rücksicht und Verständnis.

Ganz am Anfang meiner Karriere als Schlagersängerin war die Liebe nach Spielplan noch nicht so streng zu nehmen wie später als Opernsängerin. Daß sich da das Seriöse des Berufs auch ins Privatleben übertrug, wurde unvermeidlich.

Doch die Schlagertourneen der ersten Jahre waren bei allen Anstrengungen, die sie trotzdem oft mit sich brachten, vergleichsweise lustig und unbeschwert. Damals traten wir in ganz Deutschland und den angrenzenden Ländern unter Titeln wie „Es leuchten die Sterne" oder in den berühmt gewordenen „Bunten Abenden mit Stars von Film und Funk" auf, darunter die durch ihre „Badehose" besonders populäre kleine Cornelia, Bully Buhlan, Rudi Schuricke oder Olive Moorfield. Und unter all den großen Stars war ich das Sternchen, die junge Anfängerin. Aber schon nach dem ersten Auftritt hatte ich Bombenkritiken, in denen meine Stimme auch mit der der legendären Erna Sack verglichen wurde. Die Folge war, daß ich sehr bald im Programmablauf an eine bessere Stelle rutschte, also nicht mehr als erste oder zweite auftrat, sondern direkt vor der Pause oder als vorletzte. Auf dem Weg zum Star war es ein Schritt nach vorn, wenn man im Programm nach hinten rückte; der Topstar hatte immer den letzten Auftritt.

Kurt Edelhagen oder Werner Müller mit ihren großen Tanzorchestern begleiteten uns, am häufigsten aber das Bobby-Schmidt-Sextett, hervorragende Musiker, die sich so nach ihrem exzellenten Drummer nannten. Dieser Bobby wurde auf unseren Tourneen nicht nur mein musikalischer, sondern mein „ständiger" Begleiter. Bobby war einer der humorvollsten Menschen, die ich je kennengelernt habe. So viel wie mit ihm habe ich später im Leben nie mehr lachen können.

Auf vielen gemeinsamen Autofahrten, bei denen wir manchmal Strecken bis zu 400 Kilometern hinter uns brachten, lernte ich, was Rhythmus heißt. Wenn nicht er als Schlagzeuger, wer sonst hätte mir beibringen können, daß man einen Jazz-Rhythmus auf 2 und 4 klatscht und nicht auf 1 und 3!

Als er mich zum ersten Mal auf mein falsches Klatschen auf der Bühne aufmerksam machte, wußte ich gar nicht, wovon er sprach. Das hatte ich natürlich beim Studium von Opernarien bei meinen Gesangslehrerinnen nicht gelernt. Ich weiß nicht, wie oft ich es dann während unserer Reisen üben mußte, wieviel tausende Male ich während der Fahrt mit der rechten Hand den Takt 2 und 4 auf das Armaturenbrett des Autos geklopft habe. Es war die lustigste und fröhlichste Verbindung, die ich je hatte. Selbst wenn Bobby mich manchmal wegen meines unjazzmäßigen Rhythmus einen „Zickendraht" nannte, konnte ich ihm dafür nicht böse sein.

Unsere gemeinsame Lieblingsschallplatte „The nearness of you" ist mir als schöne Erinnerung geblieben. Obwohl die Platte längst abgespielt und voller Kratzer ist, konnte ich mich bis heute nicht von ihr trennen. Wenn ich sie höre, denke ich zurück an die heiteren und unbeschwerten Reisen mit Bobby.

Im Sommer 1955 spielte ich auf der Freilichtbühne am Stuttgarter Killesberg das „Schwarzwaldmädel". Neben mir war auch die Münchner Schlagersängerin Gitta Lind engagiert, und wir sangen natürlich wie gewohnt mit Mikrophon, denn ohne Verstärker wären Orchester und Sänger im Freien kaum zu hören gewesen.

Es war nach der Generalprobe, als ein strahlender, großer, wunderschön aussehender schwarzhaariger Mann auf mich zukam und mir gratulierte. Es traf mich wie ein Blitz aus heiterem Himmel. In diesem Augenblick empfand ich, was ich später oft in der schwierigen Zerbinetta-Arie zu singen hatte:

„Als ein Gott kam jeder gegangen,
Jeder wandelte mich um,
Küßte er mir Mund und Wangen,
Hingegeben war ich stumm!"

Der Gott, der da am Killesberg vor mir stand, stellte sich als Michael Pfleghar vor und bat um ein Wiedersehen. Er war noch nicht der berühmte Regisseur, der er später einmal werden sollte, sondern noch ein kleiner Mitarbeiter beim Stuttgarter Rundfunk. Weil aber meine Liebe damals schon nach Spielplan gehen mußte, kam es zu einer näheren, dafür um so

Probe für das „Schwarzwaldmädel" 1955 am Stuttgarter Killesberg.

heftigeren Begegnung erst nach der Premiere. Wir verliebten uns ineinander.

Michael war einer der höflichsten und liebenswürdigsten Männer, die man sich denken kann. Er hatte eine ungewöhnliche Phantasie und Sinn für alles Schöne, und die vielen Briefe, die er mir geschrieben hat, waren fast druckreife Liebesgedichte.

Beide waren wir damals jung und unerfahren. So passierte das, was man zu der Zeit kaum verhüten konnte: Ich wurde schwanger. Michael wollte mich spontan heiraten, aber unsere Karriere lag noch vor uns. Bereits damals nahm in mir die Sängerin den Kampf gegen die Frau auf. Und die Sängerin siegte. Ich mußte das Baby unter unvorstellbaren Schmerzen verlieren, und das bewirkte zugleich eine gefühlsmäßige Trennung von Michael.

Meine gegen seinen Willen getroffene Entscheidung war eine ungeheure Enttäuschung für ihn, unter der er sehr gelitten hat. Vielleicht habe ich seine Vorstellung von einer Frau, die liebt und geliebt wird, sein Ideal von einer Ehe, damals völlig erschüttert und verändert. Aber als wir uns viel später wiedertrafen, haben wir kein Wort mehr darüber verloren. Bei dieser Begegnung beschlossen wir, beruflich einmal etwas gemeinsam zu verwirklichen. Aber er war im Show- Geschäft und ich Opernsängerin, und so kam es leider nie dazu.

Es erschwert sicher das Zusammenleben, wenn eine Frau wenig oder vielleicht gar kein Verständnis und Interesse für den Beruf ihres Mannes zeigt. Wieviel schwieriger ist es aber, wenn die Frau einen Beruf hat, der so viel Einsatz und Engagement erfordert wie der einer Sängerin? Hier ist es der männliche Partner, dem ein überdurchschnittliches Verständnis für den Beruf der Frau abverlangt wird.

Ungewöhnlich viel von diesem Verständnis brachte George auf, ein leidenschaftlicher Opernfan, den ich in meinem ersten Wiener Jahr kennenlernte und der viel in Sängerkreisen verkehrte. Es war für ihn bezeichnend, daß ihm mein durch die Schlager und Filme bekannter Name nichts sagte, daß er mich aber bereits in der Premiere des „Walzertraums" an der Volksoper auf der Bühne gesehen hatte.

„Sie müssen unbedingt Opern singen!" meinte er, nachdem wir uns kennengelernt hatten. „Gehen Sie diesen Weg weiter, und hören Sie auf mit den Filmen und Schlagern. Eine so schöne und klare Stimme ist wie geschaffen für die Oper!"

Es tat mir gut, in meinen eigenen Wünschen so bestärkt zu

werden. George verstand etwas von der Oper und von Stimmen, und bald nahm ich seine Ratschläge ernst und unsere Gespräche wichtig, denn das, was er mir als Sängerin sagte, sagte er mir aus einer unvoreingenommenen Position heraus – er war kein Kollege, kein Agent oder Manager, kein Direktor oder Dirigent. Er war ein Geschäftsmann und hatte beruflich nichts mit Musik und der Oper zu tun.

George hätte mich gern geheiratet, aber so intensiv empfand ich unsere Bindung nicht, so entwickelte sich daraus bald eine schöne und jahrelang gepflegte Freundschaft. Geheiratet habe ich dann einige Jahre später jemanden, der noch viel weniger mit Musik zu tun hatte.

Daß ich eines Tages den Mann kennenlernte, von dem ich glaubte, bei ihm und mit seiner Hilfe bringe ich endlich die Frau und Sängerin unter einen Hut, verdanke ich einem Auffahrunfall auf dem Wiener Opernring. Als Folge stellte sich dabei ein Peitschenschlagsyndrom ein, und die Ärzte verboten mir für sechs Wochen jeden Auftritt. Dafür verschrieb man mir eine Kur in einem Sanatorium am Tegernsee.

Ich packte also ein paar Sachen zusammen und buchte einen Flug nach München. Am Abflugschalter des Wiener Flughafens stand vor mir ein großer, schlanker Herr, leicht nach vorne gebeugt, im eleganten Nadelstreifenanzug. Er war ungeduldig und schimpfte mit deutlichem Berliner Akzent: „Nu machen Se schon, junger Mann, ehe ich hier Wurzeln schlage! Ihretwegen werd'n die Flugzeuge heute wohl zu Fuß gehn müssen!

Jetzt begann ich mich einzumischen, um einen möglicherweise aufkommenden Streit von vornherein zu schlichten. „Nehmen Sie das nicht so ernst", sagte ich zu dem Steward am Schalter, „die Berliner meinen das nicht so, wie es klingt!"

Der angesprochene Berliner vor mir richtete sich auf, drehte sich um, sah mich einen Moment an, und mit den Worten „Na, Sie sind ja vielleicht 'ne ulkige Frau!" verschwand er.

Zweite Szene: Ich betrat das Flughafenrestaurant, setzte mich und bestellte einen Kaffee. Als der Kellner mir den Kaffee brachte, stellte er daneben auf meinen Tisch eine Flasche Champagner im Kühler und ein Glas.

„Moment!" fragte ich irritiert. „Was soll das?"

„Der Herr an der Bar schickt Ihnen das."

„Sagen Sie dem Herrn, ich lasse mich bedanken, aber ich pflege um 10 Uhr früh keinen Champagner zu trinken."

Was nun folgte, war eher untypisch für meine sonst so konsequente Haltung und Disziplin, doch genau das sollte mir in den folgenden acht Jahren noch einige Male passieren. Der Herr von der Bar, es war natürlich der Berliner im Nadelstreifen, kam mit einem breiten, unwiderstehlichen Lachen an meinen Tisch, bestellte ein zweites Glas, öffnete die Flasche, und zum ersten Mal in meinem Leben trank ich um 10 Uhr früh bereits Champagner.

Die direkte, aber durchaus charmante Selbstverständlichkeit des Berliners hatte mich überrumpelt und zugleich beeindruckt. Doch dann trank ich das Glas aus, bedankte mich, stand auf und ging mit dem Rest meiner Haltung hinaus.

Dritte Szene: Ich bestieg das Flugzeug nach München, das offenbar nicht ausgebucht war. Drei Minuten später tauchte der Berliner auf und nahm mit einem freundlichen Kopfnikken auf dem Sitz neben mir Platz. Mein Geruchssinn signalisierte mir, daß er die ganze Flasche Champagner offenbar noch alleine ausgetrunken hatte. Mindestens! Kaum waren wir in der Luft, bestellte er: „Zwei französische Cognac!"

Doch diesmal setzte ich mich durch: „Ich glaube, es täte Ihnen besser, wenn Sie jetzt ein Glas Milch trinken würden!"

Verdutzt schaute er mich an, dann lachte er lauthals: „Ich kann mir nicht helfen, ich find' Sie irrsinnig ulkig. Also, Mädel, bring'n Sie zwei Glas Milch!"

Es wurde ein recht kurzweiliger Flug. Er hatte gerade eine Scheidung hinter sich und behauptete, das wäre der Grund für den Champagner in Wien gewesen. Wir lachten viel und laut.

Beim Aussteigen in München fragte ein Ehepaar, das die ganze Zeit hinter uns gesessen hatte: „Sind Sie Geschwister? Sie haben so viel Ähnlichkeit miteinander!"

Als wir in München in der Ankunftshalle standen, fiel ihm plötzlich etwas ein: „Übrigens – mein Name ist Haase!"

„Ich bin Renate Holm."

Er zeigte keinerlei Reaktion. War das möglich? Ich zögerte einen Augenblick, dann gewann meine Eitelkeit die Oberhand: „Sie kennen mich gar nicht?"

„Nein – sollte ich?"

Er hatte tatsächlich meinen Namen noch nie gehört. So lernten wir uns kennen. Und daß er mich angesprochen hatte, ohne zu wissen, wer ich war, nahm mich jetzt für ihn ein. Es war einer der Gründe, weshalb ich ihn später geheiratet habe.

Am 22. Juli 1965 war es wirklich soweit, ich wurde in Berlin „Frau Haase". Für manche meiner Freunde kam dieser Schritt

Nach der Trauung: Pinschi, die „Omi", Schwiegervater Haase, ganz rechts die Mütter Franke und Haase.

überraschend, wußten sie doch, wie wichtig in meinem Leben die Oper und die Karriere waren. Und nun heiratete ich einen Werbekaufmann mit dem beziehungsreichen Namen Haase, der bisher keine Ahnung von der Oper gehabt und zuvor nicht einmal den Namen Renate Holm gekannt hatte! Letzteres war aber für mich der Beweis, daß da ein Mann nur die Renate liebte und nicht „die Holm".

Einer unserer Freunde schickte uns als Glückwunsch zur Hochzeit das längste Telegramm meines Lebens:

Die Fabel von der Nachtigall und dem „Haasen"

„Eines Tages flog eine Nachtigall nach München. Direkt neben ihr bemerkte sie, daß ein netter junger ‚Haase' Männchen machte, die Ohren spitzte und so zu erkennen gab, daß er die Nachtigall wohlgefällig betrachtete. Das gefiel der Nachtigall sehr, obwohl sie daran gewöhnt war, betrachtet und bewundert zu werden. Der kleine ‚Haase' wußte gar nicht, wer die nette Nachtigall war, denn er hatte sie immer nur singen hören, aber nie gesehen. Auch die Nachtigall hatte den kleinen ‚Haasen' noch nicht kennengelernt, obwohl er ganz in ihrer Nähe aufgewachsen war. Unser ‚Meister Lampe' war, wie immer, freundlich, charmant und höflich, so daß man ‚wie im Fluge' das Ziel erreichte. Bis München hatte man inzwischen festgestellt, daß man sich gegenseitig mochte und wiedersehen wollte. Nun begann ein eifriges ‚Geflüstere' durch den Draht, denn man mußte – o Pein – feststellen, daß Wien nicht am Tegernsee lag. Aber Liebe kennt ja keine Grenzen, und im Zeitalter der Technik wußte man sich, wenn auch oft nur an den Wochenenden, zu treffen. Er sagte zu ihr: ‚Ach, du beflügelst mich so sehr' – und sprach nur noch von ‚Engelchen' – na, das konnte ja schließlich nur zu einem Ziele führen – zum heutigen Tage, dem glücklichen Hochzeitstag.

Liebe Nachtigall – singe weiter zur Freude vieler Menschen, und Du, lieber ‚Lampe', sei weiter schnell und wendig und schlage keine Haken!"

So „fabelhaft" dieser Beginn war, in der Wirklichkeit des Alltags wurde es für mich nun nicht immer einfach, Sängerin und zugleich auch Frau zu sein. Wir hatten zeitweise drei Wohnsitze, neben Berlin und Wien noch Rottach-Egern am Tegernsee, wo mein Mann, von mir zärtlich Dicker genannt, eine Werbeagentur betrieb. Seine berufliche Aktivität, seine spontanen Ideen und Einfälle verlangten von mir einen beträchtlichen Einsatz als Ehefrau. Das aber war mit den Herausforderungen der Karriere als Sängerin wieder nur schwer zu vereinbaren.

Da wurde es beispielsweise schon schwierig, unsere zahlreichen beruflichen Reisen so zu koordinieren, daß wir möglichst oft am gleichen Ort waren, sei es nun daheim oder woanders. Weihnachten etwa war es selbstverständlich, daß sich die ganze Familie im Haus der Schwiegereltern vereinte.

Die feierliche Tradition, mit der hier der Heilige Abend begangen wurde, war für mich ein ganz neues und festliches Erlebnis. Das ganze Haus erstrahlte in weihnachtlichem Glanz eines riesigen Christbaumes, und am Abend versammelte sich die Familie in Smoking und langem Kleid zum Weihnachtsessen. Aus eigenem Erleben kannte ich diese Form des Familienzusammenhalts ja kaum oder gar nicht, und ich denke noch heute mit großer Dankbarkeit an viele harmonische Abende mit den wunderbaren Schwiegereltern, genannt Mam und Paps, zurück. Ich habe mich mit beiden hervorragend verstanden. Nie vorher und nachher habe ich Menschen erlebt, die von einer vergleichbaren inneren und äußeren Großzügigkeit waren.

Für die Herbstsaison 1966 war ich am Teatro Colón in Buenos Aires engagiert. Das bedeutete eine längere Trennung in unserer Ehe, denn außerdem hatte ich vor Buenos Aires mehrere Verträge für Gastkonzerte zu erfüllen. So vereinbarten wir, daß mein Mann in der letzten Woche nachkommen sollte und wir auf dem Rückweg einen gemeinsamen Urlaub in Jamaika verbringen würden.

Ein Bild aus glücklichen Ehetagen.

Im Teatro Colón sang ich zwei Rollen, die Zerline in Mozarts „Don Giovanni" und die Marzelline im „Fidelio". Während der Proben fühlte ich mich nicht besonders wohl und suchte deshalb schließlich einen Arzt auf. Er stellte fest, was ich insgeheim in den letzten Wochen schon vermutet hatte: Ich war im zweiten Monat schwanger. Sollte ich sofort den Dicken anrufen, der ja erst in sechs Wochen nachkommen würde, um ihm die große Freude mitzuteilen? Um den werdenden Vater mit dieser Freude lieber persönlich zu überraschen, um seine Augen zu sehen, wenn er es erfährt, sagte ich ihm nichts davon, wenn wir telefonierten, und behielt das Geheimnis für mich.

Die folgenden sechs Wochen beflügelten mich, trotz der Arbeit und manch unangenehmer Begleitumstände der Schwangerschaft. Selten war ich in meinem Leben so glücklich und voller Vorfreude. Ich empfand eine nie gekannte Zufriedenheit in mir. Kaum konnte ich den Tag der Ankunft erwarten, und als es endlich soweit war und ich den Dicken vom Flughafen abholte, verriet ich es ihm auch da noch nicht gleich.

Wir fuhren in mein Appartement, und als er eintrat, erblickte er auf dem Bett zwei winzige gestrickte weiße Babyschuhe und ein kleines weißes Strickmützchen, die ich dort sorgfältig arrangiert hatte. Ich brauchte nichts mehr zu sagen. Es war einer der schönsten Augenblicke unserer Ehe. An diesem Abend konnten wir nicht ahnen, welche Katastrophe noch folgen sollte.

Als ich am nächsten Morgen erwachte, es war der Tag meiner letzten Vorstellung, fühlte ich mich miserabel. Ich hatte verquollene Augen und im Gesicht rote Flecken, die sich im Laufe des Tages über den ganzen Körper ausbreiteten. Die Flecken, zum Teil handtellergroß, schwollen immer mehr an und juckten entsetzlich.

Das schlimmste war, daß ich an diesem Abend unbedingt singen mußte. Bei einem Stagione-Theater wie dem Teatro Colón werden für eine Saison die Sänger aus aller Welt engagiert, und das Theater ist auf ihren Einsatz angewiesen, denn es gibt keine Zweitbesetzung. Fällt wirklich einmal ein Sänger aus, muß der ganze Abend abgesagt werden, und natürlich erhält für diesen Abend auch keiner seine Gage.

Am Nachmittag gelang es dem Theater, einen Facharzt aufzutreiben, Dr. Forschner, ein emigrierter Wiener Jude. Seine Diagnose: Urticaria gigante, eine besonders heftige Form von Nesselfieber. Für mich bedeutete das ein spezielles Risiko, nämlich die Gefahr einer Schwellung der Stimmbänder. Möglicherweise würde mir während des Singens plötzlich die Stimme wegbleiben.

Fast auf Knien bat mich die Direktion, trotzdem zu singen. Forschner spritzte mir Kalzium gegen das Jucken und blieb den ganzen Abend in meiner Nähe. Ich mußte die Marzelline singen, und zwar in einem Kostüm, das hochgeschlossen war und aus reiner Wolle bestand; dazu lange Wollstrümpfe. Es war bei der herrschenden Hitze eine unvorstellbare Qual. Dazu war ich auf offener Bühne hilflos gegen das ununterbrochene Jucken. Nach jedem Auftritt stürzte ich in die Garderobe, wo ich mir Kleid und Strümpfe von der Garderobiere buchstäblich vom Leibe reißen ließ, um mir mit Essig und Salzwasser die juckenden Stellen einzureiben. Das dadurch ausgelöste schmerzhafte Brennen war gegen das Nesselfieber direkt eine Wohltat.

Der Dicke stand mit dem halben Theater nervös in der Kulisse und bangte um meine Stimme. Dabei mußte er hilflos zusehen, wie mir die Augen und Ohren immer weiter anschwollen.

Als der Vorhang gefallen war, brachte er mich sofort nach Hause, und nun spritzte mir Forschner für alle Fälle Cortison. Er hätte das wohl kaum getan, wenn er gewußt hätte, daß ich schwanger war. Aber auch ich dachte in dem Augenblick nicht daran, sondern sehnte mich nur nach Erleichterung und danach, wieder gesund zu werden. Lange hatten wir schon den Urlaub auf dem Rückweg nach Europa geplant. Wie hatten wir uns darauf gefreut, und nun ging es mir so miserabel. Dem Dicken zuliebe wollte ich den Urlaub nicht absagen, deshalb verschoben wir ihn nur.

Immerhin ging es mir vom nächsten Tag an langsam besser. Doch es dauerte noch eine knappe Woche, bis wir Buenos Aires verlassen konnten. Eigentlich war ich noch immer ziemlich schwach, und nur meine streng angelernte Disziplin half mir wieder einmal. Ich riß mich zusammen und lächelte.

Wir flogen zuerst nach Lima, wollten dort einen Tag bleiben und übernachteten in einem romantisch gelegenen Hotel. Endlich schien alles überstanden zu sein. Am Abend saßen wir auf der Hotelterrasse, ließen uns ein typisch peruanisches Essen servieren und stießen auf die glückliche Familie an, die wir nun bald sein würden.

Aber es kam alles ganz anders. In der Früh um 4 Uhr wachte ich mit furchtbaren Leibschmerzen und starken Blutungen auf. Wenige Minuten später kam ein Krankenwagen und brachte mich ins Spital. Ich bekam eine Narkose. Als ich wieder aufwachte, war der Traum vom Kind vorbei. Ich lag allein in einem Krankenzimmer, und um mich herum war alles weiß, leer und tot.

Kurz darauf kam der Dicke. Er setzte sich an mein Bett, hielt meine Hand, und wir schwiegen. Um 10 Uhr kam eine Krankenschwester und brachte mir einen Tee.

Mitten in diese depressive Stille begann plötzlich das Krankenzimmer zu schwanken, es krachte in den Wänden, und die Fensterscheiben splitterten. Ein Erdbeben! Alles stürzte auf die Straße, und man hörte Schreie. Doch abgesehen von den Fensterscheiben und ein paar Rissen blieb das Spital unbeschädigt.

Die Hilflosigkeit, der man in so einer Situation ausgeliefert ist, kann man kaum beschreiben. Dabei war die Welt eben erst über mir zusammengestürzt. Nun schien es so, als würde sie auch noch untergehen. Ich erlitt einen Schock. Erst als ich eine Woche später das Spital und wir endlich Lima verließen, hatte ich ihn – wenigstens äußerlich – überwunden. Oder doch nicht? Im Flugzeug nach Jamaika hatte ich noch immer das Gefühl großer Schwäche. Ich war in keiner guten körperlichen Verfassung. Ich war traurig und verzweifelt, aber ich bemühte mich, es mir nicht anmerken zu lassen.

Welch ein unglücklicher Stern stand über dieser Reise? Wir hatten uns beide auf die gemeinsamen Tage gefreut! Und dann die Häufung von Unglücksfällen: zuerst das Nesselfieber, dann das Kind verloren und schließlich das furchtbare Erdbeben! Ich litt noch immer unter dem erlittenen Nervenschock und war entsetzlich deprimiert.

Jetzt waren wir endlich im Jamaika, wohnten in einem herrlich gelegenen Hotel direkt am Strand und hätten, wenn auch fast zwei Wochen verspätet, den geplanten unbeschwerten Urlaub verbringen sollen.

Am ersten Abend saßen wir vor dem Essen auf der Hotelterrasse und tranken einen Planters Punch. Das ist ein erfrischender, herrlich schmeckender, aber sehr starker Rum-Cocktail, der aus 7 (!) verschiedenen Rum-Sorten gemixt wird. Der Dicke erzählte etwas und ich hörte ihm schweigend zu, während ich auf das dunkle Meer hinausschaute. Über uns wölbte sich ein ganz klarer Sternenhimmel. Es war ruhig hier auf der Terrasse, und vom Meer her wehte ein sanfter, angenehm erfrischender Wind. Ein friedlicher, stimmungsvoller Abend! Doch ich saß da und kämpfte mit den Tränen. Ich wußte, der geringste Anlaß würde sie auslösen. Was hatte ich meinem Mann in den letzten zwei Wochen geboten? Krankheit, Verzweiflung und Depression.

Während des Abendessens kamen wir mit zwei jungen Ehepaaren aus Deutschland ins Gespräch. Doch mir war nicht nach Unterhaltung zumute und schon gar nicht mit fremden Menschen. Aber der Dicke war bereits beim dritten Planters Punch, er unterhielt sich bestens. Er machte keine Anstalten, sich zu verabschieden, obwohl ich das unendliche Bedürfnis hatte, mit ihm allein zu sein. Zuletzt lud er die Deutschen ein, den ersten Abend auf Jamaika gemeinsam noch woanders zu feiern. Dazu war ich physisch und psychisch nicht fähig und bereit. Also blieb ich allein zurück.

Stundenlang lag ich an diesem Abend hellwach auf dem Bett und wartete. Vielleicht wartete ich darauf, daß die nächste Katastrophe über mich hereinbrechen würde. Aber mehr noch wartete ich auf ihn, auf ein wenig Geborgenheit, auf den einzigen Menschen, von dem ich hoffen konnte, daß er mir etwas von meiner Hilflosigkeit abnehmen würde. Ich fühlte mich alleingelassen in einer nie erfahrenen Situation.

Nach Mitternacht war ich noch immer allein. Ich begann zu weinen. Immer heftiger spürte ich die Angst und Verzweiflung. Ich war wie von Sinnen. Wo blieb der Dicke? Plötzlich war ich aufgestanden und hatte den Badeanzug angezogen. Automatisch nahm ich meinen Bademantel und ging hinunter an den Strand. Es war noch immer die klare Tropennacht. Das Meer kam in dunklen Wellen auf mich zu.

Ich weiß nicht, wie lange ich so dastand und auf das Wasser starrte. Ohne nachzudenken ging ich langsam hinein, immer tiefer, und als ich nicht mehr stehen konnte, kehrte mein Bewußtsein zurück. Mit zwei, drei kräftigen Schwimmstößen hatte ich wieder Grund unter den Füßen, und entschlossen ging ich zurück an den Strand und ins Hotel.

Es war, als hätte ich soeben mein privates Glück im Meer verloren. Hatte ich nicht eine von so vielen Menschen bewunderte Stimme? Und trug ich nicht dafür eine Verantwortung? Diesen Menschen gegenüber und dem lieben Gott? Noch einmal hatte ein Duell stattgefunden, jenes zwischen der Sängerin und der Frau. Die Sängerin konnte und wollte nicht zugleich Liebende, Leidende sein. Wieder hatte die Frau verloren. Die Tränen, die ich jetzt weinte, waren nicht mehr Tränen der Angst und Verzweiflung; ich war traurig.

Spät, sehr spät kam mein Mann zurück ins Hotel. Er legte sich ins Bett und schlief sofort ein. Am nächsten Nachmittag hatten wir eine lange und heftige Auseinandersetzung. Dieser Nachtbummel in Jamaika war nicht sein erster und sollte auch nicht sein letzter gewesen sein. Damals ahnte ich es zum ersten Mal, daß das Leben, wie er es verstand, mit dem meinen, vom Spielplan diktierten, immer wieder kollidieren würde. In den sechs Jahren meiner Ehe hatte ich oft das Gefühl, allein gelassen zu werden, aber in dieser Nacht war es mir unerträglich geworden. So allein war ich noch nie in meinem Leben gewesen.

Seitdem hat sich die Welt weitergedreht und auch unser beider Leben verändert. Heute, zwanzig Jahre nach unserer Scheidung, sind der Dicke und ich längst die besten Freunde. Wenn auch jeder nun sein eigenes Leben lebt, bleibt doch von der Erinnerung an schöne wie an schwierige Zeiten ein unzerstörbares Gefühl der Verbundenheit zurück.

Einige Jahre nach meiner Scheidung wurde ich vom Stadttheater St. Gallen eingeladen, in einer Neuinszenierung als Mimi in „La Bohème“ zu gastieren. Natürlich reizte es mich, nicht nur als Musette, die ich in Wien sang, sondern auch einmal als Mimi auf der Bühne zu stehen. Für den Rudolf hatte man den bulgarischen Tenor Georgi Tscholakoff engagiert.

Schon zuvor hatte man uns beide aufeinander neugierig gemacht. „Sie sollten sehr rücksichtsvoll sein“, bedeutete man Tscholakoff, „die Frau Kammersängerin Holm ist natürlich ein Star. Na, Sie wissen ja, wie Stars sind . . .“

Und zu mir sagte man: „Er kommt aus Bulgarien, verstehen Sie? Und er ist Tenor. Na, Sie wissen ja, wie Tenöre sind . . .“

Ich nahm mir also vor, nicht „schwierig“ und sehr nachsichtig zu sein. Denn Tenöre sind angeblich sehr empfindlich. Dieser hier, stellte ich bei der ersten Probe fest, ist vielleicht auch empfindlich, aber ich finde ihn eher arrogant. Doch im Verlauf der fünf Wochen Probenzeit gewöhnten wir uns aneinander, fanden uns schließlich weder arrogant noch empfindlich, noch schwierig. Wir kamen gut und kollegial miteinander aus.

Es war etwa zehn Tage vor der Premiere, wir probten die Sterbeszene im vierten Akt. Während ich krank und ermattet auf dem Bett lag und im wahrsten Sinne des Wortes als Mimi um mein Leben sang, ergriff Rudolf meine Hand und drückte sie leicht. Unbewußt ahnte ich da, daß aus Spiel Ernst werden könnte. Und je öfter wir diese Szene probten, um so mehr spürte ich, wie seine Zuwendung echt, seine Umarmung liebevoll und die Tränen in seiner Stimme voll Gefühl waren.

Nach der Premiere, die besonders für uns, die Gäste als Rudolf und Mimi, ein großer Erfolg war, gab es eine kleine Premierenfeier. Wir waren alle gut aufgelegt, und so lud ich im Anschluß daran die Kollegen noch auf ein Glas Sekt in mein Hotelzimmer ein. Nach einer Stunde verabschiedeten sich alle. Endlich konnte ich Schuhe und Kleid ausziehen, hüllte mich in meinen bequemen Morgenmantel, setzte mich vor den Spiegel und schminkte mich ab.

Plötzlich klopfte es an der Tür. „Renate!“ hörte ich die leise

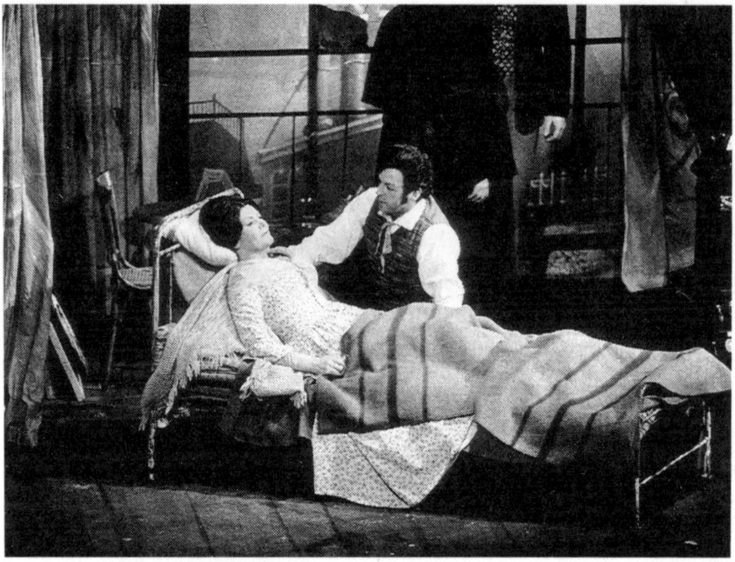

Als Mimi mit Georgi Tscholakoff (Rudolf) 1974 im Stadttheater St. Gallen.

Stimme von Goro, wie Tscholakoff von all seinen Freunden genannt wurde. „Könnten Sie aufmachen? Ich habe meinen Zimmerschlüssel bei Ihnen vergessen."

Ich hätte ahnen sollen, daß das nur ein Vorwand war. Hatte ich nicht vor ein paar Stunden auf der Bühne erlebt, wie Rudolf in der Mansarde heimlich Mimis Schlüssel einsteckt . . .? In der „Bohème" hat zwar Rudolf den Schlüssel von Mimi, und hier hatte Mimi den Schlüssel von Rudolf – aber ich war ebenso ahnungslos wie Mimi. Das Resultat war dann in dieser Nacht das gleiche wie in Puccinis Oper.

Fünf Jahre lang versuchten Goro und ich, unsere Liebe zwischen zwei unterschiedlichen Spielplänen zu verwirklichen. Da er in diesen Jahren nicht in Wien engagiert war, ich aber meist dort sang, wurde das immer komplizierter.

Ich litt sehr unter den ständigen Trennungen. Goro war in Mannheim, später an der Oper in Düsseldorf engagiert. Immer wieder versuchten wir trotzdem, einen gemeinsamen

Weg zu finden. Letzten Endes waren die Spielpläne der Opernhäuser der Grund, daß wir nicht zusammenbleiben konnten.

Wieder hatte ich mich zu entscheiden: Will ich nur Frau sein, dann gehöre ich an die Seite des Mannes und muß meine Karriere abbrechen – oder bleibe ich die Sängerin? Diese Entscheidung, die schließlich zu einer schmerzhaften Trennung führte, kostete mich viele Tränen. Die Sängerin machte die Frau in mir unglücklich.

Liebe nach Spielplan heißt, bereit sein, auch diese Form von Opfer zu bringen. Jeder jungen Sängerin, die am Beginn ihrer Karriere steht, gebe ich den Rat, rechtzeitig darüber nachzudenken, ob sie eines Tages auch zu so einem Opfer bereit ist.

Das Glück mit Menschen

Jede Gabe ist ein Geschenk Gottes, der Charakter aber ein Produkt der eigenen Seele, weshalb Gaben entzükken, Charaktere aber geliebt werden.

Stifter

Es ist gewiß nicht außergewöhnlich, daß man verehrt, hofiert und verwöhnt wird, wenn man als bekannte Sängerin im Licht der Öffentlichkeit steht. So trifft man im Laufe des Lebens viele Leute, die man einmal und dann meist nie wieder sieht. Daneben gibt es zahlreiche Menschen, mit denen man für eine bestimmte Zeit oder immer wieder beruflich und manchmal auch privat zu tun hat. Und ich glaube, es ist ein besonderes Glück, wenn sich aus einigen dieser Begegnungen gegenseitige Freundschaften entwickeln, die dann, wie ich es oft erlebt habe, über Jahre und Jahrzehnte andauern.

In meinem Leben spielen Freundschaften eine große Rolle, auch wenn ich diese(n) oder jene(n) über Monate nicht sehe oder spreche. Daß es uns gelingt, solche Beziehungen zu knüpfen und zu pflegen, kann man als Begabung oder als Geschenk betrachten. Für mich ist es ein Glück, das Glück mit Menschen, das ich immer wieder im Leben erfahren habe.

Zu jenen, die mir ihre jahrelange Freundschaft bewiesen und beweisen, die in ihrer Treue immer anhänglich und verläßlich waren, gehören vor allem meine privaten Mitarbeiter und Angestellten.

Unvergessen ist meine getreue Haushälterin Pinschi, die mich 25 Jahre lang fürsorglich betreut hat, bis sie vor vier Jahren an einem Krebsleiden gestorben ist. Als ich mich nach dem „Walzertraum" fest in Wien niederließ und einen dienstbaren Geist für meinen kleinen Haushalt suchte, empfahl man mir eine zuverlässige Wienerin mit dem Namen Josefa Mader. Sie kam, um sich vorzustellen, und vom ersten Augenblick an spürte ich die Güte und Ruhe, die sie ausstrahlte und die mir so wichtig war.

Ich nannte sie Pinschi, und Pinschi begleitete von nun an mein Leben. Pinschi saß in all meinen Premieren, und oft umsorgte sie mich auch auf anstrengenden Reisen, etwa nach Buenos Aires.

Wie tief und wichtig unsere menschliche Beziehung geworden war, zeigte sich, nachdem ich eines Tages von der unheilbaren Krankheit ihrer Tochter erfuhr. Sie war an Lymphdrüsenkrebs erkrankt, und selbst die Ärztekapazitäten, die ich nun noch fand und zu denen wir sie brachten, konnten Mutter und Tochter wenig Hoffnung machen. Mit Hilfe von neuen Medikamenten und teuren Therapien konnten wir ihr Leben um sieben Jahre verlängern, doch es war ein einziger Leidensweg, an dem ich nun all die Jahre teilnahm.

Zum ersten Mal in meinem Leben wurde ich so hautnah mit Krankheit und schließlich mit dem Tod konfrontiert. Fast täglich begleitete ich Pinschi ins Krankenhaus, nahm Mutter und Tochter ein letztes Mal mit zu den Salzburger Festspielen, bevor der Tod dem Leiden des Mädchens ein Ende machte. Durch das gemeinsam Erlittene hatte sich unsere innige Beziehung so entwickelt, daß ich, als später auch Pinschi mich für immer verlassen mußte, das Gefühl hatte, eine Mutter sei mir gestorben und ich sie wie eine Tochter betrauerte.

Bei den Salzburger Festspielen 1964 stand eines Abends nach einer Vorstellung der „Zauberflöte" ein junges schwarzhaariges Mädchen am Bühnenausgang und bat mich um ein Autogramm. Auch an den nächsten Abenden stand sie dort, und einige Tage später überreichte sie mir ein selbstgezeichnetes Porträt von mir. Ein so ungewöhnliches und persönliches Verehrergeschenk hatte ich noch nie bekommen. Also lud ich sie in die nächste Vorstellung ein, und ich zeigte ihr einmal das Festspielhaus von innen.

Ihr Name war Regine Heithecker, und sie stammte aus Bad Salzuflen. Erst später erfuhr ich, daß sie schon in der Zeit meiner Karriere als Schlagersängerin alles über mich gesammelt hatte. Es gab keine meiner Platten, die sie nicht besaß, und keinen meiner Filme, den sie nicht gesehen hätte.

Es war einige Zeit seit unserer Salzburger Bekanntschaft vergangen, da stand zu meinem Erstaunen eines Abends dieselbe Regine am Bühnentürl der Wiener Staatsoper. Und von da an traf ich sie fast jedesmal, wenn ich am Abend sang, ob an der Staatsoper oder an der Volksoper. Sie war nach dem Abitur und ihrer Lehre von Bad Salzuflen nach Wien umgezogen. Bald hatte ich mich mit meinem hartnäckigen Fan angefreundet, und eines Tages übernahm sie es, meine Autogrammpost zu erledigen.

Nun ist sie schon seit vielen, vielen Jahren meine Sekretärin und mir eine Freundin geworden, kümmert sich verläßlich um Termine und lästige Papierkriege, sammelt sorgfältig alle Programme und Kritiken und betreut mich, wenn ich Vorstellung oder einen Auftritt habe.

Der Dritte im Bunde ist unser Fritze Blümel. Als ich 1969 für meine alte, ausgebaute Mühle im Weinviertel einen Verwalter und für die dort lebenden Tiere einen zuverlässigen Betreuer suchte, fand ich ihn. Er versteht viel von Landwirtschaft und Tieren, denn er kommt aus einer bäuerlichen Familie im Nachbardorf.

Fritz ist ein stiller, einfacher Mann. Die Welt, in der ich mich als Sängerin bewege, ist für ihn natürlich ein völlig fremdes Parkett. Und so brauchte der erste Besuch einer Oper, in der ich sang, entsprechende Vorbereitungen: Mit Krawatte und Jackett war Fritz ein eher ungewohnter Anblick. Ich gab ihm ein paar Ratschläge à la Mr. Higgins, mit deren Hilfe er inzwischen in Konzertsaal und Opernhaus gute Figur macht.

Meine „Ersatz-Familie“ mit mir vor der Mühle: Pinschi, Regine und Fritze.

Wenn er auch voller Stolz ab und zu an diesem Teil meines Lebens teilnimmt, bleibt ohne Zweifel die Mühle seine eigentlich Welt. Dort ist er nach über zwanzig Jahren nicht mehr wegzudenken. Ist er doch als Betreuer für das verantwortlich, was zu den wichtigsten Dingen meines privaten Lebens gehört – meine Tiere und mein ländliches Zuhause.

Nach so vielen Jahren täglichen Zusammenlebens mit dem engeren Clan meiner „Ersatz-Familie“ weiß ich, daß es in jeder Gemeinschaft einzig und allein auf die menschlichen Qualitäten ankommt. Und zu einer Gemeinschaft sind wir längst zusammengeschweißt. Ich bin dankbar, daß es so ist, und hoffe,

Autogramme für den Berliner Fan-Club, zu dem auch die spätere Schauspielerin Karin Baal (in weißer Bluse hinter mir) gehörte.

daß es noch viele Jahre so bleibt: eine kleine Familie, in der wir heute nur schmerzlich die von allen geschätzte und geliebte Pinschi vermissen.

Eine besondere Geschichte – und darum soll sie hier erwähnt werden – hat die Freundschaft mit Christel, Irene und Gitta, drei Berlinerinnen, die als Teenager zu jenen jungen Verehrerinnen gehörten, die am 8. November 1954 einen Berliner Renate-Holm-Fan-Club gegründet haben. In diesen langen Jahren riß der Kontakt zu ihnen nie ab, und heute gehören alle drei zum engsten Kern meiner Berliner Freunde.

Diese Star-Fan-Clubs waren damals in Deutschland weit verbreitet, und so gab es in den verschiedenen Städten auch nach mir benannte Clubs, wobei – schon rein lokal – der Berliner die Möglichkeit hatte, den engsten Kontakt zu mir zu pflegen. Die Mitglieder schrieben Protestbriefe an Rundfunksender und Filmzeitschriften: „Warum bringen Sie so lange nichts von Renate Holm?!" Selbstverständlich besuchten sie jedes meiner Konzerte, betätigten sich dort als freiwillige Claqueure und trugen vom Taschengeld gekaufte Blumen auf die Bühne.

Die Mitglieder meines Berliner Fan-Clubs trafen sich in regelmäßigen Abständen und unterlagen strengen Bestimmungen: Jedes Fehlen ist nur mit mündlicher Entschuldigung gestattet. Zweimaliges Fehlen verlangt eine schriftliche Nachricht." Über Neuaufnahmen mußte einstimmig entschieden werden. Ich erinnere mich, daß von etwa 100 Bewerbern damals nur zwanzig beitreten durften. Welche Kriterien dabei ausschlaggebend waren, weiß ich allerdings nicht.

Da sie von meiner Tierliebe wußten und daß ich eine schwarze Katze mit Namen Mohrchen besaß, war das Clubabzeichen eine schwarze Katze als Anstecknadel. Wer sie bei Veranstaltungen oder den gemeinsamen Treffen nicht trug, mußte 10 Pfennig Strafe in die Clubkasse zahlen.

Sie kauften jede meiner Schallplatten, besuchten jeden meiner Filme (oft mehrmals) und sammelten alle Fotos, Kritiken und Veröffentlichungen über mich. Denn sie waren Anlaufstelle für andere Fans.

Ein paarmal lud ich den Club zu mir nach Hause ein. Es waren unterhaltsame, ja lustige Nachmittage. Die Mädchen und Burschen – denn die gab es natürlich auch – waren besonders höflich und zurückhaltend.

Inzwischen sind auch die Mitglieder des Berliner Renate-Holm-Fan-Clubs einige Jahre dem Teenager-Alter entwachsen. Die meisten von ihnen habe ich aus den Augen verloren, aber die erwähnten drei ehemaligen Verehrerinnen, heute schon weit in den Vierzigern oder fünfzig Jahre alt, sind liebe Freundinnen geworden, die ich regelmäßig, wenn ich in Berlin bin, treffe. Sie haben geheiratet, und inzwischen gehören ihre Ehemänner, ja selbst die nun erwachsenen Kinder, zu diesem einzigartigen Nachfolge-Club meiner Verehrer und Freunde.

Unsere Treffen, wenn ich nach Berlin komme, finden in ge-

Seit über 30 Jahren meine Berliner Fans und Freundinnen:
Irene, Gitta und Christel (v. l.).

wissen Ritualen noch so statt wie damals. Dazu gehört, daß Christel Lakritze und Gummibärchen mitbringt, Irene einen selbstgebackenen Käsekuchen und Gitta ihren unübertrefflichen Kartoffelsalat, alles Dinge, von denen sie seit jeher wissen, daß ich sie besonders liebe. Und da ich vor allem den Käsekuchen nie innerhalb weniger Tage aufessen kann, fliegt stets ein Rest davon, sorgfältig noch in Irenes Alufolie verpackt, mit mir zurück nach Wien.

Eine Neueinführung der anwesenden Ehemänner bei diesen Treffen ist der Sekt. Solchen Luxus hat sich der Fan-Club in den fünfziger Jahren noch nicht geleistet. Dafür ist es in anderer Hinsicht unverändert wie zu alten Zeiten: Wenn sie damals keinen meiner Filme oder Schlager-Auftritte ausgelassen haben, so sitzen sie heute in der Oper oder im Konzertsaal, wenn ich in Berlin gastiere.

Im Apparat des Bühnenbetriebes ist man als Sänger nicht nur

von der Technik, sondern auch von vielen Menschen abhängig. Wie stark und in welcher Weise, das merkt man erst, wenn es einmal nicht klappt, wenn die Garderobiere nicht da ist, die Friseuse einen schlechten Tag hat, der Inspizient nervös und der Souffleur nicht präsent ist. Ich persönlich habe aber auch in dieser Hinsicht immer Glück mit Menschen gehabt. Besonders in der Wiener Staatsoper kann ich mich an keine Garderobiere erinnern, die nicht dagewesen wäre, wenn man sie brauchte, oder an keine Friseuse, die mich ihre Schlechtgelauntheit hätte spüren lassen. Aber sie und viele andere in so einem Riesenbetrieb sind unabdingbar notwendig, damit – wie man in Wien sagt – „das Werkl läuft".

Partner des Sängers sind nicht nur jene, die neben ihm auf der Bühne stehen. Manchmal sogar noch wichtiger sind der Dirigent und die Orchestermusiker als Partner. Zeit meines Lebens habe ich zu ihnen ein gutes Verhältnis gehabt, von den Musikern der Tanz- und Unterhaltungsorchester in den frühen Jahren bis hin zu den Wiener Philharmonikern.

Bei meiner strengen Selbstkritik konnte es passieren, daß beispielsweise bei Schallplattenaufnahmen eine Passage von Dirigent und Aufnahmeleiter abgenommen wurde, ich aber immer noch Einwendungen hatte. Schwierigkeiten macht so etwas dann, wenn die festgelegten Termine dabei überschritten werden, die Musiker auf der ihnen gesetzlich zustehenden Überstundenpauschale bestehen. Doch sie taten es nie, wenn sie wegen mir noch zehn oder fünfzehn Minuten länger spielen mußten. Denn auf der anderen Seite hatten sie nie erlebt, daß ich wie eine gekränkte Primadonna unwillig oder ungehalten reagierte, wenn ich eine schwierige Arie wegen eines Orchesterfehlers wiederholen mußte.

Mit Rührung erinnere ich mich an die argentinische Kostümschneiderin Maria und ihre Schwester im Teatro Colón. Maria war klein, schwarzhaarig und etwa Anfang Vierzig, ihre Schwester etwas jünger und ihr im Wesen sehr ähnlich. Sie strahlten eine Ruhe und Zuversicht aus, die meinem Lampenfieber vor jeder Vorstellung wohltat. Sie waren absolut zuverlässig und erfüllten mir jeden, auch den kleinsten Wunsch. Wollte ich hier noch eine kleine rosa Borte und dort eine hellgraue Schleife am Kostüm, so konnte ich sicher sein, daß beides am nächsten Tag angenäht war, an der richtigen Stelle, und die Borte war tatsächlich rosa und nicht rot, die Schleife hellgrau und nicht weiß.

Nicht weniger schätzte ich ihr heiteres Wesen. Sie amüsierten sich, wenn unsere Verständigung mit meinen zwei Worten Spanisch und sechs Worten Italienisch hoffnungslos auf Abwege geriet. So bat ich sie einmal, mir ein Butterbrot zu besorgen: „Panaderia con burro". Schallendes Gelächter war die Antwort, denn burro, das italienische Wort für Butter, bedeutet im Spanischen Esel!!!

Jeder Abschied von ihnen, wie überhaupt vom Teatro Colón, war eine kleine Orgie von Umarmungen und Küssen. Ich glaube, ich habe in meinem Leben nie mehr Küsse bekommen und verteilt als an dem Tag, an dem ich jedesmal Buenos Aires verließ.

Verschiedene Sprachen zu können, ist für einen Sänger eine große Erleichterung. Es ist weniger wichtig, weil er vielleicht viel reist und in fremdsprachigen Ländern auftritt, kommt man doch fast überall mit einem halbwegs guten Englisch durch. Wichtig ist es, weil an allen großen und bedeutenden Opernhäusern der Welt die Opern meist in der Originalsprache gesungen werden. Und da ist natürlich Italienisch dank der Popularität der italienischen Oper besonders wichtig.

Auf Konservatorien und Musikhochschulen gehört der Italienisch-Unterricht zur Ausbildung. Ich hatte jedoch immer privaten Unterricht gehabt, und so hatte ich das Italienisch lange vernachlässigt. Ich mußte es nachholen, als ich die Partie der Susanna im „Figaro" studierte.

Da erhielt ich unvermutete Hilfe. Noch heute bin ich der damaligen Sekretärin der Staatsoper, Fritzi Mehskolitsch, dankbar, daß sie sich der Mühe unterzog, mir die „italienische" Susanna verständlich zu machen. Wort für Wort übersetzte sie mir den italienischen Text ins Deutsche und klebte mir die Übersetzung in die Partitur. Dank der unterschiedlichen Wortstellung wurde dann aus „Welch ein schreckliches Leben" ein „Welch Leben schrecklich". Doch auf diese Weise konnte ich jedes Wort in Gedanken auf deutsch nachvollziehen, das ich auf italienisch sang.

Auch wenn dieses System einen regelrechten Sprachunterricht nicht ersetzen konnte, lernte ich doch viel Italienisch dabei und konnte mich auch recht gut in dieser Sprache verständlich machen. Daß mein Italienisch dadurch manchmal etwas originell herauskam, verfehlte nicht die Wirkung, als beispielsweise bei einer Aufführung des „Don Giovanni" an der Staatsoper die beiden heißblütigen italienischen Opernstars Cesare Siepi und Wladimiro Ganzarolli hinter der Bühne in heftigen Streit gerieten. Kurz bevor es zu Handgreiflichkeiten kam, sprang ich dazwischen mit einem lauten, gebieterischen „Pace! Pace!" (Frieden), dessen auslösender Lacherfolg die Stimmung wieder entspannte.

Zahlreiche kleine Begegnungen sind es, oft nur für eine kurze Zeit, an die man eines Tages zurückdenkt. Jede auf ihre Art hat Bedeutung in der Erinnerung. Da war der Professor Schramek an der Volksoper, ein ebenso gestrenger, aber hervorragender Studienleiter wie der Professor Schmidt an der Staatsoper. Viele meiner Partien hat er mit mir erarbeitet, und ich bevorzugte ihn, weil ich der Meinung bin, der beste Lehrer ist der, der die höchsten Anforderungen an mich und meine Stimme stellt. Dabei wußte er genau, was er mir abverlangen konnte, und war dank seines unbestechlichen Urteils ein ausgezeichneter Ratgeber und darüber hinaus bis zu seinem Tod ein liebenswerter Freund.

Fünfundzwanzig Jahre lang, von meiner ersten Staatsopern-Premiere „Wildschütz" an, hatte ich ein beruhigendes

Gefühl, wenn der Souffleur Homula unten in seinem Kasten saß. Auf ihn konnte sich jeder Sänger verlassen, und manche Vorstellung hat er durch seine Geistesgegenwart und Zuverlässigkeit gerettet. Nachdem er bereits in Pension war, traf ich ihn anläßlich eines Konzertes von mir. An diesem Abend machte er mir als Sängerin eines der schönsten Komplimente. „So lange haben wir zusammengearbeitet, Frau Holm", sagte er, „aber Sie haben in dieser ganzen Zeit nie eine schlechte Vorstellung gesungen. Das sage ich jetzt nicht so daher, jeder hat schließlich mal einen schlechten Tag. Nur bei Ihnen kam das nie vor."

Das lag sicher weniger an meiner disziplinierten Einteilung des Lebens nach Spielplan als den beruflich und vor allem menschlich ungewöhnlichen Beziehungen, die ich zu meinen Gesangspädagogen hatte. Das galt sowohl für meine Professorinnen Hittorff („Hitti") und Egilsdottir („Swana") als auch für den liebenswerten Professor Ernst Scheurecker. Sie alle

Mit meinen Schülerinnen Marcella Cerno (li.) und Elisabeth Kales.

waren – auch sonntags oder an Feiertagen – immer für mich da, um mich für die jeweilige Aufgabe am Abend entsprechend vorzubereiten.

Nachdem ich nun seit etwa vier Jahren selbst Schüler unterrichte und in meiner Mühle Seminare für Gesang und Interpretation abhalte, weiß ich, wie wichtig es ist, einem Gesangsschüler auch in vielen menschlichen Fragen raten zu können. Ich empfinde es als großes Glück, daß ich auch eine pädagogische Begabung mitbekommen habe. Gelernt habe ich – man kann sagen – dreißig Jahre lang und war eher eine ungeduldige Schülerin. Deshalb liebte ich meine Lehrer, die so viel Geduld und Kraft für mich aufbrachten. Merkwürdigerweise habe ich aber als Pädagogin selbst diese unendliche Geduld, die so wichtig und gut für einen Schüler ist. Daß mich nun diese jungen Menschen auch so mögen, ist für mich eine neue glückliche Erfahrung und bereichert mein Leben.

Tiere auf dem Weg zur Mühle

Weise Lebensführung gelingt keinem Menschen durch Zufall. Man muß, solange man lebt, lernen, wie man leben soll. – Lerne zu leben und zu sterben, du wirst eine erhabene Ruhe allen irdischen Dingen gegenüber gewinnen.

Seneca

Tiere haben in meinem Leben wenn auch nicht die Hauptrolle, so doch immer wichtige Nebenrollen gespielt. Es mußten wenigstens ein Hund oder eine Katze in meiner Wohnung oder meinem Haus leben. Und wenn ich heute zurückdenke, kann ich mir mein Dasein ohne die Beziehung zu Tieren nur schwer vorstellen.

Die Liebe und das Verständnis für Tiere habe ich von ihr geerbt: meine Mutter an ihrem 80. Geburtstag.

Schon meine Kinderjahre in der Alboinstraße begleitete ein gefiedertes Familienmitglied. Der erste Vogel meiner Mutter hieß Hänschen, war ein Kanarienvogel und hätte, wäre damals schon meine Begabung entdeckt worden, mir die schönsten Koloraturen beibringen können.

Doch ein wirkliches Verhältnis zu Tieren bekam ich erst, als wir aus Berlin evakuiert wurden und für einige Jahre in Ragow im Spreewald auf dem Land lebten. Hier gab es Hunde und Katzen, Pferde, Schweine und Kühe im Übermaß. Meine Mutter schaffte damals eine eigene Kuh an, die uns mit Milch und Butter versorgte.

Auf diese Weise wurde mir klar, daß auch eine Kuh ein eigenständiges Lebewesen ist. Meine Mutter zeigte mir, wie man sie fütterte, wie man den Stall ausmistet, und sie brachte mir bei, wie man eine Kuh melkt und Butter macht. So erfuhr ich schon in jungen Jahren viel über Tiere, den Umgang mit ihnen und ihre Eigenarten. Damals wurde der Grundstein für meine enge Beziehung zu den Lebewesen der unterschiedlichsten Arten gelegt, und in dieser ländlichen Umgebung wuchsen Liebe und Verständnis für sie und die Natur.

Dazu gehören auch schmerzhafte Erfahrungen. Sie sind für die Beziehung Mensch/Tier nicht weniger wichtig, denn man lernt an ihnen den richtigen Umgang mit dem Lebewesen Tier. Auf dem Hof, wo wir wohnten, gab es z. B. einen Schäferhund-Mischling, der tagsüber an einer Kette lag und vor dem ich deshalb immer ein wenig Angst hatte. Lange Zeit achtete ich darauf, mich in respektvollem Abstand zu ihm zu bewegen.

„Du darfst einem Hund gegenüber nie zeigen, daß du Angst hast", meinte meine Mutter. Also faßte ich mir eines Tages ein Herz und näherte mich ihm. Er beobachtete mich dabei neugierig – heute würde ich sagen: wachsam –, und so nahm ich allen Mut zusammen und streckte meine Hand aus, um ihn zu streicheln. In diesem Augenblick biß er zu. Wie konnte er wissen, was ich wirklich von ihm wollte, nachdem ich ihm so lange eher aus dem Weg gegangen war!

Ich hatte eine tiefe, blutende Wunde am linken Arm, direkt neben der Schlagader. Daß die Sache dennoch glimpflich ablief, verdanke ich der Geistesgegenwart eines jugoslawischen Gastarbeiters. Er nahm sein Fahrrad, setzte mich darauf und fuhr wie der Teufel in das nächste, sechs Kilometer entfernte Krankenhaus, wo die Wunde sofort genäht und verbunden wurde. Was mir geblieben ist, sind eine Narbe am linken Innenarm und eine nie überwundene Ängstlichkeit vor Schäferhunden.

Als wir nach Berlin zurückkehrten, brachten wir aus dem Spreewald unsere schwarze Katze mit. Sie hieß Mohrchen, wir hatten uns an sie gewöhnt, und sie sollte uns noch manche Freude bereiten – aber auch Sorge. Denn hin und wieder verließ sie unsere Wohnung im zweiten Stock – wie ihr das gelang, blieb meiner Mutter und mir immer ein Rätsel – und verschwand über die Straße in dem Gelände, in dem ich als Kind so gern gespielt hatte. Dort irgendwo mußte es einen oder auch mehrere schnurrende Liebhaber geben, zu denen sie sich hingezogen fühlte. Denn wenn sie – oft erst nach Tagen – wieder heimkehrte, war sie von ihren Liebeshändeln arg zerrupft. Und überdies war sie dann fast immer guter Hoffnung.

57 Katzenkinder brachte sie in ihrem Leben zur Welt. Zweimal im Jahr beglückten wir Verwandte, Freunde, Bekannte oder Nachbarn mit Mohrchens Nachwuchs, und mit den Jahren mußten wir den Verteilerkreis immer mehr erweitern, um für die neuen Katzenkinder eine liebevolle Bleibe zu finden.

Ich bin der Meinung, daß wir Tieren gegenüber, die unser Leben teilen, eine besondere Verantwortung haben, sind sie doch in so vielen Dingen von uns abhängig. Ich kann nicht verstehen, daß manche Menschen – etwa zur Urlaubszeit – ihre Haustiere einfach irgendwo aussetzen, weil sie ihnen lästig sind. Diese armen Hund und Katzen wildern herum, werden verscheucht und geschlagen, werden ängstlich und bösartig und landen bestenfalls in einem Tierasyl, wenn sie nicht verhungern oder überfahren werden.

Wer ein Tier bei sich aufnimmt, übernimmt auch die Verantwortung für sein Leben – und die Verantwortung für seinen Tod. Wie oft habe ich eine Katze oder einen Hund zum Tierarzt gebracht, weil sie eingeschläfert werden mußten, um nicht sinnlos den Rest ihres Lebens zu leiden. Immer ist das eine sehr schwere Entscheidung. Doch man muß seinen Egoismus, nicht ohne dieses Tier leben zu wollen, überwinden, wenn jeder weitere Tag für das Tier zur Qual wird.

In den vergangenen Jahren waren es viele, die ich auf diese Weise von ihrem Leiden erlösen mußte. Unser geliebtes Mohrchen gelangte zwar ohne diese Hilfe in den Katzenhimmel, doch hier wurde mir zum ersten Mal der Tod eines vertrauten Tieres zum bewußten Verlust. Das muß damals meine Mutter geahnt haben, denn erst als ich von der Tournee, auf der ich mich gerade befand, zurückkehrte, brachte sie mir schonend bei, daß Mohrchen währenddessen in ihren Armen gestorben war.

Als Nachfolger dieser geliebten Katze hatte meine Mutter später einen Tigerkater Dickie. Er erwies sich übrigens als ein erstaunlich intelligentes Tier. Ohne Mühe lernte er, nicht auf irgendeine Kiste zu gehen sondern aufs Klo. Sein Bravourstück war aber, daß er anschließend über das Fensterbrett auf den Klokasten kletterte und mit der Pfote die Spülung drückte, ohne daß ihm das je einer beigebracht hätte.

Aber Dickie lebte bei meiner Mutter, und ich hatte bereits eine eigene Wohnung. Die zahlreichen Stofftiere, die ich schon als junges Mädchen gesammelt habe, waren natürlich kein Trost oder gar Ersatz für Mohrchen. Und so kam Glöckchen ins Haus, ein junger brauner Zwergpudel, der mich in den folgenden zwölf Jahren überallhin begleitete. Als er noch ganz klein war, maunzte er jedesmal in kurzen hohen Tönen wie ein Glöckchen, wenn er sein Geschäft erledigen wollte, und das leider auch mehrmals in der Nacht als eine Art Weck-

Auch bei den Dreharbeiten zu meinem letzten Film
„Liebe, Mädchen und Soldaten" war Glöckchen stets dabei.

glöckchen. So kam er zu seinem etwas ungewöhnlichen Namen.

Meine Wohnung war in einer wunderschönen Altbau-Villa in der Douglasstraße in Grunewald, eine ruhige, gemütliche Zwei-Zimmer-Wohnung mit Balkon. Von diesem ersten eigenen Domizil bis zur Mühle im niederösterreichischen Weinviertel war Glöckchen der ständige Begleiter meines privaten, aber auch meines beruflichen Lebens, denn er war immer und überall dabei.

Glöckchen ging mit mir auf Tourneen und folgte mir in die Rundfunk- und Aufnahmestudios, er kannte Filmateliers und Probebühnen, und wo auch immer er war, saß er ruhig und unauffällig auf seinem Platz, beobachtete sein Frauchen bei der Arbeit und wartete brav, bis ich fertig war. Selbst die mißtrauischsten Aufnahmeleiter, Regisseure oder Dirigenten akzeptierten nach einer Weile seine Anwesenheit, denn er war auch nach Stunden so ruhig, daß er niemanden störte.

Mit den Jahren wurde er älter und bekam schließlich Schwierigkeiten beim Laufen. Zuerst wollte ich es nicht wahrhaben, deshalb war dann der Rat des Tierarztes, den Hund einschläfern zu lassen, für mich ein Schock. Ich ließ es jedoch nicht zu, Glöckchen zum Tierarzt zu bringen, sondern ich bestand darauf, daß der Arzt in die Mühle kam und daß das Tier in seiner gewohnten Umgebung und in meinen Armen einschlafen konnte.

Das habe ich später auch bei allen anderen, sogar bei der Ziege, als sie altersschwach nicht mehr aufstehen konnte, so gehandhabt. Ich denke, wir sind es unseren treuen Begleitern schuldig, dafür zu sorgen, daß sie möglichst wenig oder überhaupt keine Angst haben müssen vor dieser letzten Spritze.

Durch meinen Beruf bin ich oft in der Welt herumgereist und habe in ungezählten Hotels gewohnt. Doch ich bin kein „Hotelmensch", und wenn es möglich ist, ziehe ich die Vertrautheit der eigenen vier Wände jedem Luxushotel vor. Als

300 Jahre alt ist diese Mühle im niederösterreichischen Weinviertel.

ich nach Wien zog, wohnte ich einige Jahre in einer zwar kleinen, aber hübschen und ruhigen Wohnung im zweiten Bezirk. Mein Traum jedoch war ein eigenes Häuschen im Grünen, das auch Platz für Tiere bieten sollte.

Am Kahlenberg, dem mit vielen Weingärten bewachsenen Hausberg der Wiener, hatte ich einen Grund entdeckt, auf dem ich diesen Traum verwirklichen wollte. So begann ich also zu sparen, um eines Tages in einem Häuschen mit Garten am Kahlenberg zu wohnen.

Doch wie es so ist im Leben, kam zuletzt alles ganz anders. Ich heiratete, und dadurch ergab sich die Notwendigkeit, in eine größere Wohnung umzuziehen. Wir steckten das gesparte Geld in eine wunderschöne geräumige Altbauwohnung im Wiener Cottage-Viertel, in der ich noch heute lebe, wenn ich in der Stadt bin.

Ein Jahr später erfüllte sich dann auch mein Traum vom eigenen Haus im Grünen mit viel Platz für Tiere: Am Rande des

Die Zuneigung der Pudeldame Nini mußte ich . . .

. . . mit meiner Haushälterin Pinschi teilen.

Weinviertels, einer durch sanfte Hügel geprägten Landschaft zwischen Wien und der tschechischen Grenze, erwarben wir einen Grund mit einer 300 Jahre alten Mühle.

Seit nun schon mehr als zwanzig Jahren ist diese Mühle im Weinviertel mein wirkliches Zuhause, ein Refugium für mich und für alle Tiere, denen ich dort im Laufe der Jahre ein unbeschwertes und glückliches Tierdasein bescheren konnte. Diese Tiere, die Natur, die hier so hautnah spürbar ist, und die guten Geister, die in den alten Räumen wohnen und über mich wachen, geben mir Ruhe und Ausgeglichenheit. Bei aller Arbeit, die so ein Hof erfordert, bleibt mir doch immer genügend Zeit, Musik zu hören, zu lesen, nachzudenken oder in vielen Erinnerungen zu kramen. Oft denke ich mir, die Geister der Mühle sind jene Freunde in meinem Leben, die diese Welt schon verlassen mußten, und hier kann ich mit ihnen reden.

So wie die Mühle im Weinviertel für mich zum Mittelpunkt meines privaten Lebens geworden ist, so wurde sie auch Heimstatt für viele Tiere, die ich oft vor einem elenden oder gewaltsamen Tode retten konnte, indem ich sie bei mir aufnahm. Viele waren es im Laufe der Jahre: Pferde, Esel, Schafe und eine Ziege, aber auch Hasen, Meerschweinchen oder Hühner und selbstverständlich Hunde und Katzen. Sie brachten Junge zur Welt, und eine Generation löste die andere ab. Hin und wieder kamen neue Tiere hinzu, andere starben einen friedlichen, natürlichen Tod.

Mein treues Glöckchen war das erste Tier, das hier starb und begraben wurde. Seine letzte Ruhe fand er an einem Hügel nahe der Mühle, und wenn ich draußen bin, führt mich mein täglicher Spaziergang daran vorbei. Ihm zu Ehren heißt dieser Weg darum schon seit Jahren der „Glöckchenweg".

Ich hatte sehr an dem Pudel gehangen und konnte mich lange Zeit nicht zu einem neuen Hund entschließen. Doch am darauffolgenden Weihnachtsabend, den wir bei den Schwiegereltern am Tegernsee verbrachten, kam plötzlich ein schwarzes kleines, wolliges Knäuel auf mich zu. Es war ein

Snooffy, der tibetanische Tempelhund.

hocharistokratisches Pudelfräulein mit Namen Ninotschka, mit dem mich meine Schwiegermutter überraschte. So bekam Glöckchen dann doch eine Nachfolgerin, und sehr bald hatte ich Nini, wie ich sie nannte, in mein Herz geschlossen.

Anders als Glöckchen ging Nini mit mir nur selten auf Reisen. Meist blieb sie, wenn ich unterwegs war, in der Obhut von Pinschi in der Mühle, wo es ihr – zugegeben – sicher besser ging als in jedem Hotelzimmer, Auto oder Flugzeug. Dadurch ergab es sich, daß ich Ninis Zuneigung bald mit Pinschi teilen mußte, die mit ganzem Herzen an dem Tier hing. Nini erreichte das für einen Pudel ungewöhnliche Alter von 16 Jahren, ehe sie so schwer krank wurde, daß Pinschi und ich sie schweren Herzens einschläfern lassen mußten.

Seit drei Jahren begleitet mich nun ein tibetanischer Tempelhund, der auf den seiner exklusiven Herkunft eigentlich nicht ganz angemessenen Namen Snooffy hört. Aber die wahre Liebe zu einem Hund richtet sich wohl kaum nach Rasse und Stammbaum! Die meisten der Tiere, die in meiner Mühle leben oder lebten, habe ich mir nicht ausgesucht. Sie wurden mir gebracht, oder ich habe sie gefunden. Sie brauchten entweder Hilfe oder Pflege oder eine Heimstatt. Beides konnte ich ihnen geben.

Eines Tages zugelaufen ist mir Schnurri, eine Halbangorakatze. Nach einiger Zeit brachte sie in meiner Wiener Wohnung sechs Junge zur Welt. Fünf davon waren höchst lebendig und kräftig, dem Kleinsten und Schwächsten gab sie aber offenbar selbst keine Chance zum Überleben. Eines Morgens fand ich es schon halbtot in der Ecke hinter der Tür, wo sie es hingeschoben hatte. Ich versuchte es mit Mund-zu-Mund-Beatmung und konnte es schließlich doch noch zu neuem Leben erwecken.

So oft ich es allein sah, legte ich es zu Schnurri und den

Keineswegs wie „Hund und Katz": Stümpfi und Nini.

Perserkater Bimbo, der Herrscher der Mühle.

anderen in den Korb. Nach ein paar Tagen fand ich ein kleines undefinierbares Fellstück im Korb, und es stellte sich heraus, daß es die Schwanzspitze dieses kleinsten Katzenkindes war, abgestorben und abgefallen. Trotzdem brachte ich die kleine Katze durch und nannte sie wegen des kurzen Schwanzes Stümpfi. Stümpfi überlebte nicht nur Schnurri, sondern auch alle ihre Geschwister und ist heute 13 Jahre alt.

In der Mühle „wohnt" Stümpfi bei Fritz, dem Verwalter, denn dort fühlt sie sich sicher, seit es Bimbo gibt. Dieser reinrassige Perserkater ist der wahre Herrscher über die Mühle. Ich bekam ihn seinerzeit vom Zuchtverband als Geschenk für meinen Einsatz beim Tierschutz. Den Namen Bimbo verdankt der damals ganz junge Kater seinen überdimensional großen Pfoten, so daß ich dachte, aus diesem kleinen Tierknäuel würde eines Tages eher ein Elefant als ein normaler Kater werden.

Daß Bimbo heute noch lebt, ist fast ein Wunder, denn er war kaum ausgewachsen, da bekam er einen Nierenstau, mußte operiert werden und einen künstlichen Blasenausgang erhalten. Höchstens zwei Jahre könnte er damit überleben, meinte der Tierarzt. Er lebte damals, wie es sich für einen so kostbaren, reinrassigen Kater gehört, ausschließlich in meiner Wiener Wohnung. Doch er war so kräftig und stark, daß ich ihn eines Tages im Katzenkoffer hinaus in die Mühle nahm. Als ich wieder in die Stadt zurückfahren wollte, war Bimbo verschwunden und nirgends aufzutreiben. Schließlich fuhr ich ohne ihn nach Wien. Erst am nächsten Tag entdeckte Fritz ihn in der Scheune, wo er erfolgreich auf Mäusejagd gegangen war.

Konnte ich einen so edlen Kater auf dem Land leben lassen? Aber die Bewegung, die er dort hatte, bekam ihm gut. Nun lebt er schon seit sechs Jahren in der Mühle und spielt sich dort als kleiner König auf, womit widerlegt ist, daß eine Perserkatze nur auf Seidenkissen liegen und das beste Fleisch haben muß. Rasse hin, Rasse her – Bimbo ist ein echter, gesunder Bauernkater geworden.

Natürlich haben neben Glöckchen, Nini und Snooffy auch immer andere Hunde die Mühle bevölkert. Da war zuerst einmal Teddy, den ich als winziges blutendes Bündel herumstreifenden Zigeunern für ein paar Schilling abkaufte. Sie hatten versucht, ihm den Schwanz und die Ohren zu stutzen, was leider ziemlich mißlungen war. Also versorgten wir zunächst einmal seine Wunden und fütterten ihn.

Teddy wuchs heran und entpuppte sich als undefinierbare Rasse zwischen Spitz und Wolfshund, von der Größe allerdings mehr Wolf als Spitz. Er widerstand fast allen Erziehungsversuchen, vor allem seine Lieblingsbeschäftigung, überall das Bein zu heben, in geordnete Bahnen zu lenken. So blieb ihm der Einzug in die Wohnräume der Mühle vorerst verwehrt, und er suchte sich freiwillig seinen Platz im Stall zwischen den Eseln, Schafen und Pferden, die er gleichsam auch alle bewachte.

Einige Jahre später fand ich bei einem Spaziergang im Wald

halberforen eine hochträchtige Jagdhündin. In der Mühle versuchten wir, sie wieder zu Kräften zu bringen. Nach ein paar Tagen brachte sie sechs gesunde Hundekinder zur Welt, war aber so geschwächt, daß sie kurz darauf starb und wir die Winzlinge mit der Flasche aufziehen mußten. Sie gediehen prächtig. Fünf der Jungen verschenkte ich, und das sechste, eine Hündin, die wir Lassy tauften, wuchs in der Mühle heran. Bald fand sie in Teddy, dem Hund ohne Ohren, einen heißblütigen Verehrer, was nicht ohne Folgen blieb. Deshalb entschlossen wir uns, Lassy sterilisieren zu lassen. Von da an zog wieder etwas mehr Ruhe, sowohl für die beiden Hunde als auch für die Menschen, in der Mühle ein.

Zu den ersten größeren Vierbeinern in der Mühle gehörten zwei halbverhungerte und verängstigte bosnische Esel, die aus einem Viehtransport stammten und die keiner haben wollte. Ich taufte sie Mucki und Susi. Mit der Zeit wurden sie dank unserer saftigen Weide, dem zusätzlichen Kraftfutter und guter Pflege ansehnlich und sogar zutraulicher. Besonders Susi, die schwarze Eselin, nahm kräftig zu.

Es war der zweite Esels-Sommer, als ich eines Tages auf der Koppel inmitten der großen Tierfamilie etwas Weißes sah, das von den Eseln, zwei neu hinzugekommenen Haflingern und dem Hund aus respektvollem Abstand neugierig beäugt wurde. Ich hielt den weißen Gegenstand aus der Entfernung für einen Plastiksack mit Saatgut.

Doch bei näherer Betrachtung erwies sich der Sack als neugeborenes Eselskind, das Mutter Susi bemüht war, aus der weißen Schutzhülle, die die Natur vorgesehen hat, zu befreien. Es war die erste Esels-Geburt in der Mühle, der im Laufe der Zeit dann noch viele folgen sollten.

Inzwischen lebt mit ihrer sehr alten Mutter Susi schon die zweite Esel-Generation in der Mühle, die Söhne Mecki und Struppi, der seinem Vater Mucki sehr ähnlich sieht. Mucki selbst starb im Alter von 27 Jahren an einem Adventsonntag.

Mucki, der Vater meiner Eselfamilie.

Er zeigte schon deutliche Anzeichen von Altersschwäche, und an diesem kühlen Tag legte er sich plötzlich in die Koppel, was für Pferde und Esel, die bekanntlich im Stehen sogar schlafen, sehr ungewöhnlich ist. Mit vereinten Kräften richteten wir ihn noch einmal auf und brachten ihn, halb geführt und halb getragen, in den Stall. Dort, auf Stroh gebettet, gab ihm der herbeigerufene Tierarzt noch eine herzstärkende Injektion, doch sie konnte sein Leben nur um ein paar Stunden verlängern. Kurz nachdem ich am Abend einen letzten Blick auf den friedlich schlummernden Esel geworfen hatte, ist er sanft hinübergeschlafen.

Sein Tod stimmte mich besonders traurig, hatte er doch fast sein ganzes Leben bei mir verbraucht und war der eigentliche Vater unserer Esel-Familie geworden. Nun würde sein Platz im Stall für eine Weile leer bleiben.

An einem länger zurückliegenden Ostersonntag bekamen unsere Grautiere Zuwachs aus der weiter entfernten Verwandtschaft. Wir hatten eben unser gemütliches Osterfrühstück beendet, als mein Mann sagte: „Schau doch mal auf die Koppel!"

Dort standen neben den kleinen bosnischen Eseln zwei braune, langmähnige Haflinger. Obwohl sie, mager, verängstigt und mit stumpfem Fell, nicht gerade einen prächtigen Anblick boten, war es für mich eine freudige Überraschung. Diesmal hatte mein Mann eine Rettungsaktion gestartet und sie in letzter Minute, bevor sie getötet werden sollten, gekauft. Sie hießen Amor und Lena, wurden bald von uns wieder aufgepäppelt und bekamen ein glänzendes Fell und runde Bäuche.

Amor war ein ausgesprochen gutmütiger Hengst, sanft und ein großer Schmuser, der einem mit Vorliebe seinen schweren Kopf auf die Schultern legte oder einen endlos beschnup-

Amor, der Haflinger, bekundet erstes Interesse an Lenas Fohlen Alicia.

perte. Die Dame Lena war etwas älter und hielt nicht mehr allzuviel von der Liebe, schon gar nicht von Amors Annäherungsversuchen.

Da Lena eine ausgesprochen schöne Haflingerstute war und den strengen Zuchtvorschriften entsprach, ließen wir sie in einer staatlichen Hengstenstation decken, und so kam eines Tages ein semmelblondes Stutenfohlen in der Mühle zur Welt. Es wurde auf den Namen Alicia getauft und erwies sich alsbald als ein Ausbund an Temperament und Keckheit.

Weil Amor sich später, als Alicia zu einer jungen Pferdedame herangewachsen war und mit ihm kokettierte, kopflos in sie verliebte, hielt Lena es offensichtlich für ihre Pflicht, ihr unbekümmertes Töchterchen vor allzu frühen Liebeserlebnissen zu schützen. Sobald sich Anlaß und Gelegenheit boten, jagte sie dem Hengst ihre Hufe in die Rippen, so daß sich Amor nach einigen Lehren nur noch in respektvollem Abstand zu Alicia bewegte. Erst als Alicia, die alle positiven Erbanlagen mitbekommen hatte, die einen wertvollen Haflinger auszeichnen, an einen Pferdeliebhaber in die Steiermark verkauft worden war, stellte sich die Eintracht zwischen Amor und Lena wieder her.

Dennoch sollten die beiden Pferde nicht lange allein bleiben. Eines Tages klingelte das Telefon. Es meldete sich aufgeregt ein junges Mädchen aus Oberösterreich. Sie bat mich um Hilfe für eine Stute namens Bella. Sie sei einmal ein siegreiches Turnierpferd gewesen, doch heute fristete sie – nach den Schilderungen der jungen Tierfreundin – ihr Leben unter unsäglichen Mißhandlungen in einem bäuerlichen Stall. Demnächst solle sie sogar geschlachtet werden. Das konnte und wollte ich nicht zulassen, und auf diese Weise kam Bella in die Mühle.

Sie war pechschwarz und trotz aller ihr von Menschenhand zugefügten schlechten Behandlungen gutmütig, allerdings zu Beginn völlig verstört und verängstigt. Wir brauchten viel Zeit, Geduld und Mühe, bis wir das Zutrauen von Bella errungen hatten. Wie Amor und Lena erhielt auch Bella bis zu ihrem Tod in der Mühle das Gnadenbrot.

Es würde ein eigenes Buch füllen, wollte ich von allen Tieren, die in die Mühle kamen, und alle Geschichten, die ich mit ihnen erlebte, erzählen. Natürlich wurde mein Tierasyl bald in der ganzen Gegend bekannt, und wo immer sich ein besonderes Tierschicksal ereignete und man hoffte, ich könnte eingreifen, wurde es mir berichtet.

Aber es kam zum Beispiel auch eine Frau aus unserer Nachbarschaft, weil sie nicht recht weiterwußte: „Mein Kind hat zu Weihnachten einen Hasen geschenkt bekommen. Und jetzt wissen wir nicht, was wir damit anfangen sollen!"

Wie zu diesem ersten Hasen kam ich auch zu den ersten Meerschweinchen. Allerdings vermehrten sich diese erheblich schneller und in größerem Umfang. Während die Zahl der Hasen im Stall seit Jahren glücklicherweise nie mehr als ein Dutzend erreicht, stieg die Anzahl der Meerschweinchen innerhalb kürzester Zeit auf vierzehn. Zu diesem Zeitpunkt brach eines Nachts ein Marder bei uns ein und brachte auf einen Schlag alle diese putzigen Pfeifer um. Am nächsten Morgen stand ich fassungslos im Stall und sah, was der Marder angerichtet hatte. Aber die Natur geht oft auch grausam zu Werke.

So werde ich immer wieder in dieser kleinen Welt der Mühle mit dem ewigen Kreislauf von Geburt und Sterben konfrontiert. Auf eine ganz direkte unvermittelte Art und Weise nehme ich hier am Leben der Natur teil. Es ist ein besonderes Erlebnis zu beobachten, wie im Frühjahr die Natur erwacht, die grünen Halme des Korns aus der Erde stoßen, die Büsche und Bäume austreiben und die ersten Blumen sich entfalten. Auch die Tiere schütteln die Müdigkeit des Winters ab und bekommen ein neues glänzendes Fell.

Im Sommer zeigt die Natur, wie glänzend, kraftvoll und prächtig sie sein kann, bis dann im Herbst, wenn die Tage immer kürzer werden, die Früchte fallen, die Natur zu welken beginnt und sich überall schon die Ahnung der Wintermüdigkeit einschleicht.

Dieser jährliche Wechsel, bei dem die Kraft und die Schönheit der Natur nach dem Winterschlaf in jedem Frühling wiedergeboren erscheinen, ist eine wunderbare Einrichtung vom lieben Gott. Da ist der Rosenstrauch voller Knopsen, die eines Tages aufbrechen, erblühen, sich entfalten und vergehen, um im nächsten Jahr in der gleichen Schönheit wieder zu blühen.

Warum, so denke ich dann manchmal, können wir Frauen nicht auch wie die Rosen Jahr für Jahr in eben der gleichen Schönheit blühen und den kalten dunklen Winter verschlafen? Es würde so manche Probleme, mit denen wir im „Herbst und Winter des Lebens" zu kämpfen haben, lösen. Aber so leicht hat es der liebe Gott für uns Menschen nicht vorgesehen. Trotzdem werde ich ihm danken, wenn ich hoffentlich noch viele Jahre gesund die wunderbare Welt der Natur mit den Tieren erleben kann – wann immer mir mein Beruf die Zeit dazu läßt.

Von Johann Strauß bis Richard Strauss

Kein Segen kommt der Arbeit gleich, und nur der Mensch, welcher sein Leben lang gearbeitet hat, kann sagen: ich habe gelebt.

Goethe

Seit Jahr und Tag unterscheidet man zwischen sogenannter E-(ernster) Musik und U-(Unterhaltungs-)Musik, eine Einteilung, die in den meisten Fällen auch eine qualitative Klassifizierung meint: U-Musik ist anspruchslos und einfach, E-Musik ist anspruchsvoll und schwierig. Abgesehen davon, daß diese Klassifizierung gar nicht stimmt (ebenso wie anspruchsvolle „U-Musik" gibt es auch anspruchslose „E-Musik"), halte ich diese Unterscheidung für problematisch und in zahllosen Fällen für überhaupt unmöglich.

Was unterscheidet etwa Bernsteins Musical „Westside Story" von Bizets Oper „Carmen"? Beides sind anspruchsvolle musikalische Bühnenwerke, von denen einzelne Songs oder einzelne Arien die Popularität von „Schlagern" erreicht haben. Nur aufgrund der Kategorien Musical und Oper kann niemand, der sich ernsthaft mit Musik auseinandersetzt, das eine zur U-Musik und das andere zur E-Musik rechnen!

Noch viel weniger läßt sich die Einteilung bei der historischen Vorform des Musicals, bei der Operette aufrechterhalten. Soll Lorzings „Wildschütz"-Oper als E-Musik gelten und die „Fledermaus" von Johann Strauß als U-Musik? Aus eigener Erfahrung weiß ich, daß die Adele in der „Fledermaus" bestimmt keine „anspruchslosere" Partie ist als das Gretchen im „Wildschütz", denn ich habe beide Rollen etwa zur gleichen Zeit begonnen zu singen.

Lieder, die für mich komponiert wurden, von Will Meisel, Heino Gaze, Karl Grell und Nico Dostal.

Nun ja, könnte man sagen, Johann Strauß und die „Fledermaus", das ist schon so klassisch, daß man es zur E-Musik rechnen muß. Aber wozu zählen dann die anderen populären Strauß-Melodien, die Musik von Ziehrer, von Lehár oder Robert Stolz? Von Johann Strauß bis zu Robert Stolz, der den „Walzerkönig" noch in dessen letztem Lebensjahr kennengelernt hatte, zieht sich ein Bogen wunderschöner, anspruchsvoller und doch auch populärer Melodien, die von keinem Musik-Beamten der Welt unwidersprochen unter E- oder U-Musik eingeordnet werden können. Von der Oper über die Operette bis zum Musical zeigt es sich, wie schwierig im Grunde eine solche Einteilung ist.

Für mich als Sängerin hat diese Unterscheidung nie wirklich existiert. Wenn ich eine Partie oder ein Lied einzustudieren hatte, waren immer der Grad der musikalischen Schwierigkeit und der Ausdruck entscheidend. Und da ist manchmal bei Strauß oder anderen Operettenkomponisten ein ähnlicher Aufwand an Können und Arbeit notwendig wie bei Mozart oder Schubert. In dieser aus meiner eigenen Erfahrung gewonnenen Erkenntnis weiß ich mich einig mit vielen großen Musikern und Sängerkollegen.

Noch heute bin ich meiner verehrten und berühmten Lehrerin Maria Ivogün dankbar, daß sie aus dieser gleichen Überzeugung seinerzeit mit mir meine Schlagerlieder ebenso einstudiert hat, als wären es Opernarien von Mozart oder Puccini. Und mit noch einem bedeutenden Musikkenner und langjährigen Freund bin ich hier einer Meinung: Auch für Marcel Prawy hat es – solange ich mich erinnern kann – nie einen Unterschied zwischen E- und U-Musik gegeben, sondern nur einen zwischen guter und schlechter Musik.

Meine Bekanntschaft mit Marcel Prawy reicht zurück bis in das Jahr 1954. Unter dem zugkräftigen Titel „Es leuchten die Sterne" war ich damals als gerade neu entdecktes Schlager-Sternchen mit Bully Buhlan, René Caroll, Gerhard Wendtland,

Er unterscheidet nur zwischen guter und schlechter Musik:
Marcel Prawy.

Helmut Zacharias und anderen bekannten Stars auf Deutschland-Tournee. Mit von der Partie war auch Olive Moorfield, die eigentlich kein Schlagerstar war, sondern damals bereits als Musical-Sängerin Karriere machte.

Schon von der ersten Probe an waren wir uns sympathisch, und als wir am Abend ins Hotel kamen, rief Olive plötzlich: „Marcello, komm doch mal her!" Dann stellte sie mir einen schlanken Mann mit sehr wachen Augen vor: „Das ist Marcel Prawy. – Und das ist Renate Holm."

Die beiden verband damals eine sehr temperamentvolle Freundschaft. So gab es beispielsweise noch am späten Abend eine heftige Auseinandersetzung zwischen ihnen, bei der das ganze Hotel Zeuge wurde, weil sie sehr lautstark über fünf Stockwerke geführt wurde. Doch spätestens am nächsten Morgen hatten sich die Wogen schon wieder geglättet.

Ich bekomme die goldene Ehrennadel der Stadt Wien verliehen.
In der zweiten Reihe ganz rechts Marcel Prawy und Otto Schenk.

Von da an begegnete ich Marcel Prawy immer wieder, und vor allem in Wien kreuzten sich noch oft unsere Wege. Es ist ein merkwürdiger Zufall, daß meine Freundschaft mit dem zur Institution gewordenen „Opernführer der Nation" zu einer Zeit begann, als ich eben am Beginn meiner Karriere als Schlagersängerin stand. Gelegentlich arbeiteten wir dann auch direkt beruflich zusammen, etwa als er 1985 ein TV-Porträt mit mir machte, das nicht zuletzt durch die große Hilfe von Einzi Stolz, der Witwe des Komponisten Robert Stolz, zustande kam.

Privat liebt Marcel Prawy an mir besonders – meine Esel-Sammlung. Denn das Sammeln von Stoff-Eseln ist auch seine große Leidenschaft. Zwar blieb die Vielfalt meiner Kollektion weit hinter der seinen zurück, dafür konnte ich jedoch mit vier lebenden Eseln glänzen, die damals in meiner Mühle lebten, heute sind es immerhin noch drei. Seither begrüßt er mich,

Begrüßung durch Königin Elisabeth II. nach einer Festaufführung der „Fledermaus" an der Wiener Staatsoper: (v. li. n. r.) Ulli Fessl, H.-W. Haase, Hilde Güden und Staatsopern-Direktor Reif-Gintl.

wann immer wir uns treffen, mit den Worten: „Wie geht es dir, liebes Eseltier?" Dabei fährt er mir jedesmal mit der Hand kräftig durch die Frisur, am liebsten, wenn ich soeben frisch gestylt vom Friseur komme. Auf diesen Gag kann er bis heute nicht verzichten.

Wiener Lieder und Walzermusik waren etwas, was mich von meinem ersten Auftritt beim Rias an begleitet hat. Damals sang ich „An der Donau, wenn der Wein blüht" und war doch noch nie in Wien gewesen. Als ich dann später tatsächlich nach Wien kam, sollte mir diese Stadt zur zweiten Heimat werden. Und es dauerte nicht lange, daß ich den wirklichen, echten Klang dieser Musik ins Blut bekam. Als ich schließlich das wahre Herz dieser Stadt und ihrer Menschen mit all ihrem Charme und ihrer Verbindlichkeit entdeckt hatte, erfüllte sich die Walzermusik mit Leben.

Und das Publikum spürte bald, wie sehr ich mich mit der Wiener Musik identifiziert hatte, und klatschte begeistert Beifall, wenn ich die großen Koloratur-Konzertwalzer etwa von Strauß sang oder wenn ich als Adele in der „Fledermaus" auf der Bühne stand, was mir das ehrenvolle Attribut einbrachte, als Berlinerin die „wienerischste" Adele zu sein. Deshalb ist auch die goldene Ehrenmedaille der Stadt Wien, die ich 1986 für Verdienste um die Wiener Musik bekam, mir eine der liebsten Auszeichnungen, auf die ich besonders stolz bin.

Kurz davor wurde mir eine andere Ehre zuteil: Ich erhielt den Jubiläumsring der Wiener Staatsoper, der ich damals bereits 25 Jahre als Ensemblemitglied angehörte. Ich trage ihn seitdem ständig an meinem rechten kleinen Finger. „Betrachten sie ihn", heißt es in der Urkunde zum Jubiläumsring, „als ein Zeichen des Dankes und der Anerkennung Ihrer Leistungen. Er soll sie immer an die Verbundenheit mit dem Haus erinnern, dem Sie, liebe Kollegin, so lange die Treue gehalten haben."

Ich will nicht leugnen, daß mich äußere Anerkennungen und Ehrungen wie diese oder auch die Ernennung zur Kammersängerin vor nun schon zwanzig Jahren besonders freuen, aber nicht zuletzt aus dem Grund, weil auch sie ein Zeichen sind für die Anerkennung und den Applaus des Publikums. Die Zuhörer, die Opern- und Konzertbesucher sind es, die den Grad des Erfolges eines Künstlers bestimmen.

Die Resonanz beim Publikum und bei der Kritik auf meine Konzerte mit Wiener Koloratur-Walzern, wie zum Beispiel „Dorfschwalben aus Österreich" oder dem von mir sehr geliebten „Frühlingsstimmenwalzer", den ich von Wien bis Amerika unzählige Male sang, blieb auch dem Komponisten Robert Stolz nicht verborgen. Und so bekam ich eines Tages das Angebot, bei einem Konzert in Wien Robert-Stolz-Lieder zu singen. Natürlich kannte ich viele seiner wunderschönen Melodien, doch es hatte sich bis dahin nie die Gelegenheit ergeben, sie selbst zu singen.

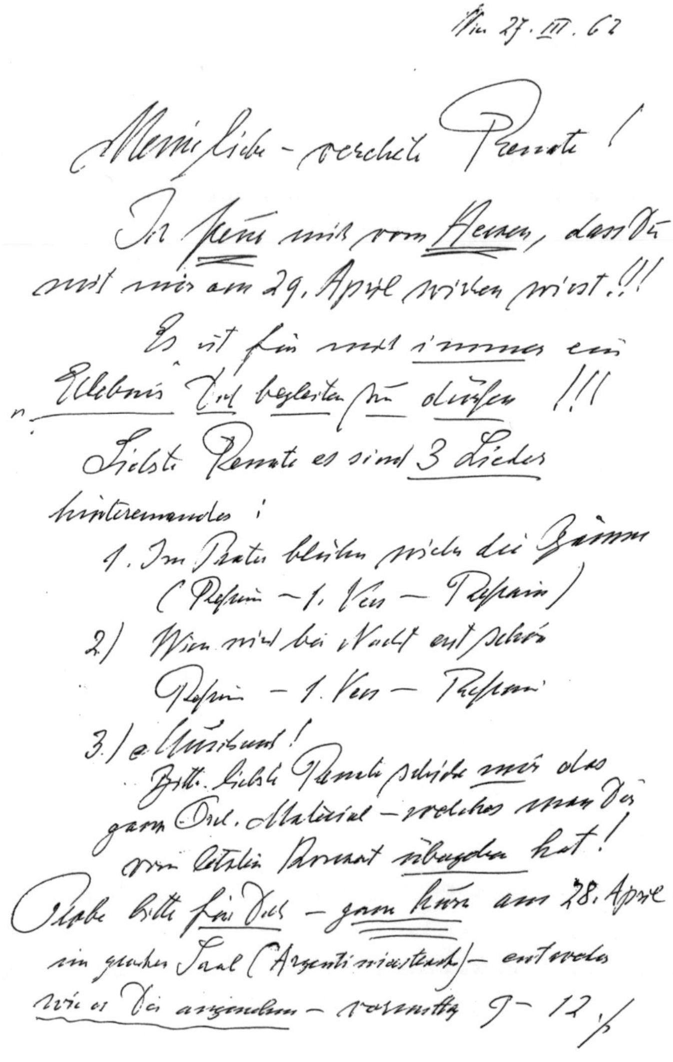

Wien 27. III. 62

Meine liebe – verehrte Renate!

Ich freue mich vom Herzen, dass Du mit mir am 29. April wirken wirst.!!

Es ist für mich immer ein Erlebnis Dich begleiten zu dürfen !!!

Liebste Renate es sind 3 Lieder hintereinander:

1. Im Prater blühen wieder die Bäume (Refrain – 1. Vers – Refrain)

2) Wien wird bei Nacht erst schön Refrain – 1. Vers – Refrain

3.) a Musikant!

Bitte liebste Renate schicke mir das ganze Orch. Material – welches man Dir vom letzten Konzert übergeben hat!

Probe bitte für Dich – ganz kurz am 28. April im großen Saal (Argentinierstraße) – entweder wie es Dir angenehm – vormittag 9 – 12 ./.

Robert Stolz schreibt mir am 27. März 1962 vor unserem Konzert.

oder nachmittag 2–4. —

Generalprobe am 29. im Konzerthaus 9–12. —

Abends Konzert !!!

Liebste Renate – da sehr viele Sender angeschlossen sind – wurden gerade diese drei Lieder ausgesucht! Mondsand hast Du ja am Repertoire u. Wien bei Nacht haben wir ja schon für das geplante Münchner – Konzert studiert – u. Im Prater blühen wieder die Bäume kannst Du bestimmt die Melodie schon auswendig!

Alles Liebe von Herzen —

Bitte, falls Du vorher eine Probe brauchst – bei mir – bitte verständige mich rechtzeitig!!!

Ein schönes Bussel und Handkuss Dein Dich immer bewundernder getreuer Freund

R. Stolz

Mit einem Küßchen bedankt sich Robert Stolz bei mir nach der ZDF-Gala 1973.

Ich erhielt die Einladung zu einem persönlichen Gespräch mit ihm in seiner Wohnung in der Elisabethstraße im 1. Bezirk. Als ich pünktlich um 16 Uhr an der Wohnungstür klingelte, öffnete mir seine Frau Einzi. Ich wurde hineingebeten – „Robertl, da ist die Renate Holm!" –, und es wurde keineswegs, wie ich heimlich befürchtet hatte, ein förmlicher oder steifer Besuch bei einem berühmten alten Herrn.

Ohne große Umschweife setzte sich Stolz an den Flügel und probierte mit mir einige Lieder aus, welche mir am besten „in der Gurgel" lägen. Wir entschieden uns für „Wien wird erst schön bei Nacht", „Du sollst der Kaiser meiner Seele sein", „Ich möcht einmal wieder verliebt sein", „Musikant, wo ist deine Heimat?" und „Oft genügt ein Gläschen Sekt".

Mit letzterem begossen wir anschließend den Beginn einer wunderbaren, für mich bedeutsamen und bis zu seinem Tode

Freundschaft im Geiste Robert Stolz': Einzi Stolz und ich im Januar 1990.

andauernden musikalischen Zusammenarbeit. Nach unserem ersten Konzert überreichte mir Stolz einen Strauß herrlicher Rosen. Etwas Besonderes erhielt ich von seiner Frau – es war das erste wichtige Geschenk, das ich in Wien bekam: Sie steckte mir eine goldene Brosche an mein Abendkleid. Damit begründete sie eine bis heute ununterbrochen andauernde Freundschaft im Geiste Robert Stolz', denn die Brosche hat mir Glück gebracht, und ich trage sie noch heute.

Ich hatte noch zahlreiche Gelegenheiten, mit Stolz zusammenzuarbeiten. Als er am Silvesterabend 1966 zum ersten Mal die „Fledermaus" in der Wiener Staatsoper dirigierte, war ich als Adele dabei. Ebenso durfte ich ihm zu Ehren singen, als 1973 das ZDF eine große „Robert-Stolz-Gala" aufzeichnete. Das Foto, auf dem sich Stolz nach der Sendung bei mir mit einem Küßchen bedankt, hängt heute über meinem Schreibtisch in Wien.

Zum 85. Geburtstag gratulierte ich Nico Dostal persönlich und musikalisch in Salzburg.

Stolz war nicht nur ein großer und bedeutender Komponist, der letzte Erbe und Vertreter der Wiener Operetten-Tradition, er war auch ein ganz hervorragender Dirigent. Mit ihm hat das Orchester die Sänger im wahrsten Sinne des Wortes „begleitet“. Wie alle bedeutenden Dirigenten hat er die Sänger „getragen“, mit ihnen mitgeatmet und ihnen so die Sicherheit gegeben, die eine der Voraussetzungen für große Leistungen ist.

Die Verbundenheit mit Robert Stolz hat auch über seinen Tod hinaus gehalten. Unverändert gehören seine Lieder zu meinem festen Repertoire, und zweimal wurde mir inzwischen die Ehrenurkunde der Robert-Stolz-Gesellschaft verliehen. 1991 wurde ich auf Vorschlag von Einzi Stolz Präsidentin der Jury beim Internationalen Robert-Stolz-Wettbewerb für junge Nachwuchssänger in Hamburg.

Ich hatte das Glück, auch noch den anderen großen Operettenkomponisten dieser letzten Generation persönlich kennenzulernen: Nico Dostal. Der Anlaß war eine Schallplatten-Gesamtaufnahme seiner ersten und bekanntesten Operette „Clivia", in der ich die Titelrolle sang. Im Jahr 1933 bei der Berliner Uraufführung war die Clivia die damals berühmte Sängerin Lillie Claus gewesen. Sie wurde wenig später die Ehefrau des Komponisten.

Nachdem wir uns bei den Aufnahmen kennengelernt hatten, machte Dostal mir ein besonderes Kompliment: Erstmals seit der Uraufführung in Berlin habe er diese Partie so schön und so genau seinen Vorstellungen entsprechend gesungen gehört. Es zeigte sich, daß das keineswegs ein Kompliment aus Höflichkeit gewesen war, denn nach dieser ersten Begegnung ergab sich in seinen letzten Lebensjahren zwischen uns noch eine vielseitige musikalische Zusammenarbeit, die auch von persönlicher Sympathie getragen war.

Oft habe ich seitdem Dostals wunderschöne, darunter einige für mich komponierte Melodien im Rundfunk und bei Konzerten gesungen. Zu seiner 75. Geburtstagsfeier wurde ich als einzige Sängerin eingeladen, im großen Salzburger Festspielhaus für ihn zu singen, und diese ehrenvolle Aufgabe übernahm ich gerne auch zu seinem 80. und 85. Geburtstag.

An diesem letzten Geburtstag übernahm Roman Dostal den Dirigentenstab seines Vaters. Er war es auch, der mich fünf Jahre später zu einem Memorial-Konzert für Nico Dostal einlud, ebenfalls im Großen Salzburger Festspielhaus. Bei dieser Gelegenheit sang ich nicht nur Lieder von Dostal, sondern konnte auch in einer Gedenkrede an den liebenswürdigen Menschen und großen Komponisten Nico Dostal erinnern und ihm meinen posthumen Dank aussprechen.

Innerhalb meines Opern-Repertoires mit Rollen von vornehmlich Mozart, aber auch von Beethoven, Puccini, Carl Ma-

1969 war ich zum ersten Mal die Sophie im „Rosenkavalier"
an der Wiener Staatsoper.

ria von Weber, Lorzing, Donizetti, von Wolf-Ferrari und Menotti, von Ernst Krenek und Gottfried von Einem bis hin zu Verdi habe ich eine besondere Vorliebe für Richard Strauss. Die schwierigsten der Strauss-Partien, die ich gesungen habe, waren die Zerbinetta in der „Ariadne" und die Sophie im „Rosenkavalier".

Nach meinem Debüt als Sophie an der Wiener Staatsoper, schrieb der bekannte und gefürchtete Musikkritiker Karl Löbl als Resümee seiner Rezension: „Wien hat wieder eine ideale Sophie." An diesem Tag wußte ich, daß auch diese Rolle für mich ein Meilenstein auf dem richtigen Weg war.

Trotzdem habe ich mir all die Jahre die Liebe zur Operette bewahrt und widme mich diesen Melodien mit ganz besonderer Freude. Das Schwipslied etwa, das ich seinerzeit in Oscar Straus' „Walzertraum" sang, hat mich seit der Premiere im Jahr 1957 nicht mehr losgelassen und ist bis zum heutigen Tage meine ganz spezielle Visitenkarte geblieben.

An den Liedgesang habe ich mich erst vor einigen Jahren gewagt. Nach eingehendem Studium sang ich zunächst Kompositionen von Schubert, Schumann, Brahms, Reger, Richard Strauss und Hugo Wolf. Seitdem konnte ich auch in dieser Kunstgattung – mit später erweitertem Programm – vor einem sachverständigen Publikum in den verschiedensten Konzertsälen Europas Fuß fassen.

Nur eine einzige musikalische Lücke in meinem Sängerleben blieb lange Jahre offen. Bereits im Jahr 1961 erhielt ich von dem damaligen Intendanten des Berliner Theaters des Westens, Hans Wölffer, das Angebot, in der deutschsprachigen Erstaufführung von „My Fair Lady" die Rolle der Eliza zu übernehmen. Zur gleichen Zeit kam aber auch das Vertragsangebot von Herbert von Karajan an die Wiener Staatsoper. Ich stand vor der schwierigen Entscheidung, entweder meine Karriere an der Oper oder im Musical zu machen. Es war klar, daß ich in beiden Fällen auf Jahre hin festgelegt sein würde. Doch

1991 im Berliner Theater des Westens: „Follies".

Liebe Leserin, lieber Leser,

edition q – dieser Name steht für ein abwechslungsreiches Programm von unserer neuen Collection BuchPlus, verbunden mit einem Medienerlebnis zu Kultur und Geschichte, über leichte und anspruchsvolle Belletristik bis hin zu kulturhistorischen Kochbüchern als besonderen Leckerbissen.

Den Freunden anspruchsvoller Kunst- und Bildbände bieten wir ausgewählte Künstlermonographien, attraktive Fotobände sowie interessante Titel aus dem Bereich Kunst- und Literaturgeschichte.

Schicken Sie uns einfach diese Karte. Sie bekommen dann regelmäßig unseren neuesten Gesamtkatalog frei Haus und können Ihren Buchhändler gezielt nach unseren Titeln fragen.

Name

Straße

PLZ Ort

Bitte freimachen

für meinen Steinbock-Aszendenten war das keine Frage: Ich entschied mich für die Oper.

Dreißig Jahre später hat sich der Kreis meiner Laufbahn als Sängerin geschlossen. Im Herbst 1991 war ich wieder für einige Zeit in meiner nicht mehr geteilten Heimatstadt Berlin und stand tatsächlich auf der Bühne des Theater des Westens in einer deutschsprachigen Musical-Erstaufführung: In Stephen Sondheims „Follies“ spielte ich unter der Regie von Helmut Baumann die leicht skurrile Opernsängerin Heidi Schiller.

Beim Theater wie in der Oper war es immer üblich, die Darsteller auf ein bestimmtes Rollenfach festzulegen. Hatte man dort einmal Erfolg, so häufen sich die Angebote für Rollen dieses „Fachs“ und die anderen bleiben aus. Aber es ist schwer, ein Leben lang die „jugendlich Naive“ zu spielen oder einen „lyrischen Tenor“ zu verkörpern. Ich hatte das Glück, daß ich meine Stimme und mein Talent immer wieder auf anderem Terrain erproben konnte. Und vielleicht liegt das Geheimnis, daß ich überall bestanden habe, in meinem Bestreben, mir bei jeder Aufgabe die höchsten und damit immer auch die gleichen sängerischen Maßstäbe zu setzen, egal, ob es sich dabei nun um sogenannte E- oder sogenannte U-Musik gehandelt hat.

„Musik ist eine heilige Kunst“, singt der Komponist in „Ariadne auf Naxos“, und mit diesen Worten ist uns als Interpreten auch die Verantwortung vorgegeben, sie als solche zu sehen und den Menschen nahezubringen.

Auch in Wien bin ich Berlinerin geblieben: Als Ende 1989 die Mauer fiel, wollte ich in meiner Heimatstadt dabeisein.

H – O – L – M

Mehrere runde, heilige, symbolisch, poetisch zu nennende Zahlen kommen in der Bibel sowie in anderen altertümlichen Schriften vor. Die Zahl Sieben scheint dem Schaffen, Wirken und Tun, die Zahl Vierzig hingegen dem Beschauen, Erwarten, vorzüglich aber der Absonderung gewidmet zu sein . . .

Goethe

In den vorangegangenen Kapiteln dieses Buches habe ich einige Geschichten aus meinem Leben erzählt, von der Arbeit in meinem Beruf und von mir selbst. Denn das, was im Scheinwerferlicht der Öffentlichkeit sichtbar wird, ist ja nur das Ergebnis dieser Arbeit, von der die meisten Menschen, die mich singen hören oder auf der Bühne sehen, kaum etwas wissen. Ich glaube, es ist ganz aufschlußreich, wenn sie erfahren, wieviel Fleiß und Anstrengung, wieviel Mut und Ausdauer, aber auch wieviel Einsatzbereitschaft und Freude notwendig ist, um auf eine Bühne zu gehen und eine Rolle zu spielen.

Als ich in den letzten Monaten diese Erinnerungen an die eine oder andere Geschichte, die ich erlebt habe, niederschrieb, sie zu erzählen und zu erklären versuchte, tauchte immer wieder die Frage auf, warum ist das so und nicht anders passiert? Warum habe ich damals das eine getan und das andere gelassen? Auf diese Weise führte ich oft, während ich an diesem Buch arbeitete, einen Dialog mit mir selbst. Und ich begann – sozusagen in der Form eines Selbstgespräches – mir manche meiner gefühlsmäßigen Reaktionen zu erklären und zu begründen. Einiges von dem, was dabei herauskam, ein paar Gedanken und Überzeugungen, die – wie ich glaube – nicht nur mich persönlich betreffen, will ich versuchen, hier festzuhalten.

Ich stelle dabei vier Begriffe, die in meinem Leben wichtig

sind, in den Vordergrund, deren Anfangsbuchstaben zugleich meinen Namen bilden: *H – Haltung, O – Optimismus, L – Liebe* und *M – Mut.* Es ist durchaus Absicht, daß diese vier Buchstaben meinen Namen *H-O-L-M* ergeben, obwohl das ja gar nicht der Name ist, unter dem ich geboren wurde und den ich ja eher aus Zufall gewählt habe. Vielleicht ist aber dieser „Zufall" doch eine Bestimmung gewesen? In diesem Zusammenhang möchte ich kurz von einer Begegnung erzählen, die mich damals sehr beeindruckt und nachdenklich gemacht hat.

Während eines Urlaubs in Varna am Schwarzen Meer besuchte ich die dort lebende bulgarische Opernsängerin Margaritha Lilowa, die ich aus Wien kannte. Sie lud mich zusammen mit einigen einheimischen Künstler-Freunden zu einem Abendessen ein. Einer der Gäste war ein Esoteriker, der sich mit Zahlenkunde beschäftigte. Ohne mich zu kennen oder etwas über mich zu wissen – wir begegneten uns an diesem Abend ja zum ersten Mal –, brachte er meinen Namen *Holm* mit der Zahl 7 in Verbindung, eine Zahl, die in weiterem Sinne für „Arbeit" steht. Ich hätte, behauptete er, im 18. Jahrhundert am französischen Hof ein sehr faules Leben geführt, also ein Leben ohne Funktionen und Aufgaben.

Die Buchstabenkombination Franke, also mein wirklicher Name, sagte ihm nichts. Die Bedeutung der Zahl 7 lasse sich erst aus der Kombination *Holm* herauslesen. Mit der Wahl dieses Namens müßte ein außergewöhnliches Leben begonnen haben, das – wie gesagt – durch Arbeit, aber auch durch Einsamkeit geprägt sei. Man mag nun daran glauben oder ihn nur für einen guten Psychologen halten, was er sagte, war durchaus überraschend und zutreffend.

Warum soll in der damals eher zufälligen (oder vielleicht doch nicht zufälligen?) Wahl des Namens *Holm* nicht doch ein tieferer Sinn sein?

H – Haltung

Da ist einmal die äußere Haltung, die – zugegeben – von

einiger Wichtigkeit ist, besonders auf einer Bühne. Sie wurde mir durch die Mutter von frühester Kindheit an anerzogen. Sie war eine Art Komperativ meines Lebens: Sitz gerade! Steh gerade! Halt dich schön gerade!

Viel schwieriger zu erlernen ist die innere Haltung. Sie hilft uns, bestimmte Dinge des Lebens zu ertragen und damit fertig zu werden. Es sind dies für mich *Schmerz, Zorn, Verzweiflung* und *Ungerechtigkeit.*

Da gilt es zum ersten, den *Schmerz,* vor allem den psychischen, zu überwinden. In meinem Leben hieß es auch, ihn vor den Augen der Öffentlichkeit zu verbergen. Wieder hilft da ein Komperativ: Es geht mir gut! – Auf der Bühne ist die ausschließliche Konzentration auf das Singen die Hilfe: Du mußt! Du mußt! Du schaffst es!

Um ein Ausbrechen des *Zorns,* die Eskalation des Gefühls, zu verhindern, habe ich autogenes Training erlernt und praktiziert. Aber allein schon die tiefe Zwerchfellatmung, an die wir Sänger gewöhnt sind und die wir täglich trainieren müssen, kann in diesem Fall helfen. Wenn das alles nichts nützt, gibt es eine letzte Möglichkeit, die Haltung zu wahren: Ich verlasse sofort und fluchtartig den Platz des Geschehens und kehre nach einiger Zeit zurück – oder nie mehr!

Besonders schwer ist es, die eigene *Verzweiflung* zu ertragen. In solchen Stunden der Einsamkeit hat mir oft das Lesen bestimmter Literatur geholfen, etwa Goethe, von dem ein Auswahlband jahrelang griffbereit auf meinem Nachttisch lag, oder die Tiefe der Gedanken, die in den „Quellen-Bändchen" zusammengestellt sind: Quellen der Weisheit, der Freude oder der Heiterkeit, nicht zu vergessen die Weisheiten der chinesischen Literatur.

Trost und damit Haltung bietet mir auch die Beschäftigung mit der Philosophie, von den Reden Sokrates bis hin zur Bergpredigt. In späteren Jahren habe ich mich mit dem tibetanischen Buddhismus beschäftigt. Er lehrt uns, die tiefe Ruhe in uns selbst zu suchen und zu finden.

Welche Haltung erfordert aber die *Ungerechtigkeit*? Sie begegnet uns immer wieder im Leben, und wir können oft nichts daran ändern. Heute kann ich sie, wenn sie mich persönlich betrifft, wortlos ertragen. Betrifft sie aber andere Menschen oder Tiere, dann bekämpfe ich sie wie eine Löwin.

O – Optimismus

Bei meiner Veranlagung, die Dinge des Lebens so zu sehen, wie sie wirklich sind, eine Veranlagung, die mir verbietet, mir selbst etwas vorzumachen, ist der Weg zu einer optimistischen Weltsicht ein langer Prozeß. Da ist es geradezu lebenswichtig, sich vom Schicksal die kleine rosarote Brille nicht ganz und für immer herunterreißen zu lassen.

Mit den negativen Dingen des Lebens fertig zu werden, bedeutet, sich hin und wieder doch etwas vormachen zu können,

Humor und Optimismus auch im Beruf: bei einer TV-Probe mit meinem Kollegen Walter Berry.

die Augen nur auf das eigentliche Ziel zu richten und hoffnungsvoll jedes „Wenn“ und „Aber“ im Kopf in ein „Na, wenn schon“ und „Trotzdem wird es gutgehen“ umzumanipulieren. Das bereitet dem direkten und geraden Wesen der Berlinerin in mir einige Schwierigkeiten. Aber auch die Wiener Mentalität mit ihrem Hang zu Pessimismus und Unzufriedenheit (sprich: Raunzerei) hat es mir nicht gerade leichtergemacht.

Wirkliche Hilfe kommt aber von ganz anderer Seite. Den wahren Optimismus finden wir in dem Glauben an unseren Gott, an die große Erhabenheit über uns und über allem. Ein Gebet an diese Kraft, die das Gute, die Natur und das ganze Universum umschließt, ist die wirkliche Quelle, aus der wir unseren Optimismus schöpfen können.

L – Liebe

Auf das Wort Liebe müßte unmittelbar das Wort Leid folgen. Denn in meinem bisherigen Leben ist mir keine Liebe ohne Leid widerfahren. Liebe ist das Wort und das Gefühl und die Tatsache, die für mich ebenso ein ewiges Rätsel bleiben wie das Singen. Beides zusammen bildet ein Spannungsfeld. Da steht einmal die „Sängerin“, die ihr sensibelstes Organ, die Stimmbänder, versucht zu beherrschen. Und daneben steht die „Frau“, die ebenso ein Leben lang das Rätsel Liebe nicht lösen konnte.

Der Zwang, bei meiner Arbeit als Sängerin immer das Beste und die größte Vollkommenheit zu erreichen, hat die Frau in mir oft verzweifeln lassen. Immer wieder mußte die Liebe hinter der Arbeit zurückstehen, obwohl ich wirklich glücklich in meinem Leben nur in den Stunden der Liebe war. Es war ein steter Kampf zwischen der Sängerin und der Frau, und zuletzt war es doch immer wieder die Sängerin, die das Duell für sich entschied. Das Leben nach Spielplan bedeutete oft genug auch ein Lieben nach Spielplan.

Aber ich erfahre auch ein Gefühl der Liebe, das mit dem

Spielplan und der Sängerin gar nichts zu tun hat, und das ist das Glücksgefühl, das aus der Liebe zur Natur kommt. Ich erlebe es am intensivsten in der schönen alten Mühle, in der ich wohne. Hier spüre ich die Nähe zur Erde, zu den Pflanzen, zu den Tieren aller Arten, zu den Schmetterlingen, die im Winter in den Innenräumen schlafen und bei der ersten Frühlingssonne wunderbarerweise zu neuem Leben erwachen. Und das Glück, das aus dieser Liebe erwächst, macht mein Dasein reicher.

M – Mut

Von Natur aus bin ich eher nicht mutig, also auch nicht risikofreudig. Manchmal war das auf meinem beruflichen Weg – und auch im privaten Bereich – ein ziemliches Hindernis. Mut braucht man nach negativen Erfahrungen, um aus diesen noch

Gottvertrauen und Mut – im Leben und im Rampenlicht.

die positiven Aspekte herauszufinden und mutig neu beginnen zu können.

Um zu singen, um eine Bühne zu betreten, brauche ich viel, viel Mut. Wie oft hatte ich Angst, auf die Bühne hinauszugehen, bis mir ein Kollege oder der Inspizient einen Schubs gab und sagte: „Los, raus, Renate! Nur Mut! Es wird ganz toll werden!"

Außerdem habe ich da noch einen Mut-Spender ganz persönlicher Art, nämlich einen krummen Nagel. Manchmal können solche kleinen Dinge große Bedeutung erlangen. Wenn ich denke, wie viele kleine und große krumme Nägel ich schon in Bühnengarderoben, in Handtaschen, Rocktaschen, Portemonnaies, ja manchmal sogar höchst unbequem im Dekolleté aufbewahrt habe, nur weil ich überzeugt bin, daß diese kleinen verbogenen Stifte (denn krumm müssen sie unbedingt sein!) mir für meinen Auftritt Mut und Glück bringen! Da mag manch einer ruhig lächeln, mir hat's immer geholfen.

Ich glaube, Mut und Gottvertrauen sind die Dynamos, die Antriebskräfte, die uns weiterhelfen, die selbstgesteckten Ziele eines Tages zu erreichen. Und wenn diese Ziele erreicht waren, habe ich mir sofort neue gesetzt. Ich bin überzeugt, daß folgende Worte, die ich an den Schluß dieses Buches setzen möchte, oft lebens-, ja manchmal sogar überlebenswichtig sind: *Höre nie auf anzufangen, fange nie an aufzuhören!*

Die Filme

„Schlagerparade", Regie Erik Ode, mit Bully Buhlan, Maurice Chevalier, Walter Giller, Johannes Heesters, Peter Igelhoff, Michael Jary, Stan Kenton, Peter Kreuder, Rudi Schuricke u. a. (1954)

„Große Starparade", Regie Paul Martin, mit Bully Buhlan, Adrian Hoven, Michael Jary, Gunther Philipp u. a. (1954)

„Fräulein vom Amt", Regie C. H. Schroth, mit Fita Benkhoff, Harry Meyen, Ruth Stephan, Georg Thomalla u. a. (1954)

„Wunschkonzert", Regie Erik Ode, mit Bully Buhlan, Peter Frankenfeld, Harald Juhnke, Georg Thomalla u. a. (1955)

„Marina", Regie Paul Martin, mit Trude Herr, Rudolf Platte, Bubi Scholz u. a. (1955)

„Der Graf von Luxemburg", Regie Werner Jacobs, mit Gustav Knuth, Susi Nicoletti, Gunther Philipp, Gerhard Riedmann u. a. (1955)

„Wo die Lerche singt", Regie Hans Wolff, mit Doris Kirchner, Theo Lingen, Oskar Sima u. a. (1956)

„Zwei in einem Bett", Regie Herbert Fredersdorf, mit Heinz Drache, Margarete Hagen, Günther Lüders u. a. (1956)

„Schön ist die Welt", Regie Geza von Bolvary, mit Mady Riehl, Rudolf Schock, Herta Stahl, Rudolf Vogel u. a. (1956)

„Liebe, Mädchen und Soldaten", Regie Franz Antel, mit Willy Hagara, Hubert von Meyerinck, Willi Millowitsch, Franz Muxender u. a. (1958)

Die Bühnenrollen

Prinzessin Helene in
Oscar Straus „Ein Walzertraum"

Volksoper Wien (18. 4. 1957), D. Anton Paulik, R. Hubert Marischka, mit Fred Liewehr, Erich Kunz, Hilde Wagener u. a.

Papagena in
Wolfgang Amadeus Mozart „Die Zauberflöte"

Opernhaus Graz (Mai 1959)

Volksoper Wien (16. 12. 1960), D. Franz Bauer-Theussl, mit Heinz Holecek

Adele in
Johann Strauß „Die Fledermaus"

Opernhaus Graz (November 1959), D. Rudolf Bibl, R. André Diehl, mit Peter Minich u. a.

Volksoper Wien (1960), D. Anton Paulik, R. Oscar Fritz Schuh, mit Fred Liewehr, Sonja Mottl-Preger u. a.

Olympia in
Jacques Offenbach „Hoffmanns Erzählungen"

Opernhaus Graz (Dezember 1959), D. Alfred Walter, R. André Diehl

Volksoper Wien (8. 1. 1960), D. Franz Bauer-Theussl

Pepi Pleininger in
Johann Strauß „Wiener Blut"

Bregenzer Festspiele (23. 7. 1960), D. Heinrich Hollreiser,

R. Adolf Rott, mit Elfie Mayerhofer, Gerda Scheyrer, Fritz Hoppe, Hugo Gottschlich u. a.

Gretchen in

Albert Lortzing „Der Wildschütz"

Staatsoper Wien (31. 10. 1960), D. Heinz Wallberg, R. Adolf Rott, mit Irmgard Seefried, Carl Dönch, Waldemar Kmentt u. a.

Blondchen in

Wolfgang Amadeus Mozart „Die Entführung aus dem Serail"

Staatsoper Wien (25. 11. 1960), D. Karl Böhm, mit Wilma Lipp, Kurt Böhme, Kurt Equilutz, Waldemar Kmentt u. a.

Salzburger Festspiele (4. 7. 1961), D. Istvan Kertesz, mit Ruth M. Pütz, Fritz Wunderlich, Erwin Wohlfahrt u. a.

Teatro Colón Buenos Aires (8. 9. 1961), D. Heinz Wallberg, mit Anneliese Rothenberger, Fritz Wunderlich, Kurt Böhme u. a.

Rosina in

Gioacchino Rossini „Der Barbier von Sevilla"

Volksoper Wien (30. 1. 1961), D. Argeo Quadri, R. Alfred Jerger, mit Hilde Konetzni, Rudolf Christ, Erich Kunz, Ronald Dutro u. a.

Fiametta in

Franz von Suppé „Boccaccio"

Volksoper Wien (Juni 1961), mit Hilde Konetzni, Erika Mottl, Peter Minich u. a.

Marie in

Albert Lortzing „Zar und Zimmermann"

Volksoper Wien (19. 1. 1962), D. Alfred Walter, mit Oskar Czerwenka u. a.

Yum-Yum in

Arthur Sullivan „Der Mikado"

Volksoper Wien (15. 6. 1962), mit Peter Minich, Carl Dönch u. a.

Blondchen in

Wolfgang Amadeus Mozart „Die Entführung aus dem Serail"
Salzburger Festspiele (28. 7. 1962)
Jugend in
Ferdinand Raimund „Der Bauer als Millionär"
Salzburger Festspiele (13. 8. 1962), D. Paul Angerer, R. Rudolf Steinboeck, mit Käthe Gold, Paula Wessely, Christiane Hörbiger, Josef Meinrad, Hans Moser, Kurt Sowinetz, Erik Frey u. a.
Adele in
Johann Strauß „Die Fledermaus"
Staatsoper Wien (9. 12. 1962)
Blondchen in
Wolfgang Amadeus Mozart „Die Entführung aus dem Serail"
Grand Théâtre de Genève (2. 4. 1963), mit Ruth M. Pütz, Donald Grobe, Peter Minich, Gerhard Unger u. a.
Salzburger Festspiele (Juli 1963), D. Bernhard Conz, mit Erika Köth, Donald Grobe, Peter Minich u. a.
Opernhaus Frankfurt a. M. (22. 9. 1963), D. Lovro von Matacić, mit Anja Silja u. a.
Sadler-Wells-Theatre, London (7. 10. 1963)
Norina in
Gaetano Donizetti „Don Pasquale"
Volksoper Wien (6. 2. 1964), D. Argeo Quadri, mit Carl Dönch u. a.
Papagena in
Wolfgang Amadeus Mozart „Die Zauberflöte"
Salzburger Festspiele (27. 7. 1964), D. Istvan Kertesz, mit Pilar Lorengar, Evelyn Peters, Walter Berry, Waldemar Kmentt u. a.
Susanna in
Wolfgang Amadeus Mozart „Die Hochzeit des Figaro"
Teatro Colón Buenos Aires (20. 9. 1964), mit Victoria de Los Angeles, Christa Ludwig, Walter Berry u. a.
Staatsoper Wien (16. 1. 1965), D. Heinz Wallberg, mit Elisabeth Schwarzkopf, Erich Kunz, Eberhard Wächter u. a.

Zerbinetta in
Richard Strauss „Ariadne auf Naxos"
Teatro Colón Buenos Aires (20. 10. 1964), mit Christa Ludwig, Hildegard Hillebrecht u. a.
Staatsoper Wien (29. 4. 1965), D. Wolfgang Rennert, mit Lisa della Casa, Sena Jurinac, Otto Wiener u. a.
Colombine in
Joseph Haydn (Das brennende Haus" (auch „Die bestrafte Rachgier")
Volksoper Wien (5. 4. 1965), mit Carl Dönch, Oskar Czerwenka u. a.
Arsena in
Johann Strauß „Der Zigeunerbaron"
Volksoper Wien (24. 5. 1965), D. Robert Stolz, R. Adolf Rott, mit Rudolf Schock u. a.
Susanna in
Wolfgang Amadeus Mozart „Die Hochzeit des Figaro"
Interlaken (5. 7. 1965)
Despina in
Wolfgang Amadeus Mozart „Cosi fan tutte"
Opernhaus Frankfurt a. M. (28. 9. 1965), D. Theodore Bloomfield, R. Otto Schenk, mit Gundula Janowitz, Oskar Czerwenka u. a.
Gasparina in
Ermanno Wolf-Ferrari „Il Campiello"
Volksoper Wien (29. 3. 1966), D. Argeo Quadri, R. Otto Schenk, mit Colette Boky, Elisabeth Höngen, William Blankenship, Oskar Czerwenka, Claudio Nicolai u. a.
Musette in
Giacomo Puccini „La Bohème"
Volksoper Wien (26. 6. 1966), D. Argeo Quadri, R. Franco Zefirelli, mit Sena Jurinac u. a.
Papagena in
Wolfgang Amadeus Mozart „Die Zauberflöte"
Cuvilliès-Theater München (17. 7. 1966), D. Christoph von

Dohnanyi, mit Anneliese Rothenberger, Fritz Wunderlich, Hermann Prey u. a.

Zerline in

Wolfgang Amadeus Mozart „Don Giovanni"

Theatro Colón Buenos Aires (6. 9. 1966), D. Fernando Previtali, R. Joachim Herz, mit Teresa Stich-Randall, Pilar Lorengar, Gabriel Bacquier, Wladimiro Ganzarolli u. a.

Staatsoper Wien (18. 6. 1967), D. Josef Krips, mit Mimi Coertse, Wilma Lipp, Cesare Siepi, Gottlob Frick, Wladimiro Ganzarolli u. a.

Marzelline in

Ludwig van Beethoven „Fidelio"

Teatro Colón Buenos Aires (30. 9. 1966), D. Lovro von Matacic, R. Ernst Poettgen, mit Hildegard Hillebrecht, Franz Crass, Gerhard Unger u. a.

Rosina in

Gioacchino Rossini „Der Barbier von Sevilla"

Staatsoper Wien (24. 1. 1967), D. Silvio Varviso, R. Günther Rennert, mit Hilde Konetzni, William Blankenship, Erich Kunz, Oskar Czerwenka, Eberhard Wächter u. a.

Blumenmädchen in

Richard Wagner „Parsifal"

Staatsoper Wien (23. 3. 1967), D. André Cluytens, mit Astrid Varnay, Hans Hotter, Otto Wiener u. a.

Zerbinetta in

Richard Strauss „Ariadne auf Naxos"

Staatsoper Wien (1967), mit Lisa della Casa, Sena Jurinac, Jess Thomas u. a.

Isotta in

Richard Strauss „Die schweigsame Frau"

Staatsoper Wien (1. 3. 1968), D. Silvio Varviso, mit Mimi Coertse, Oskar Czerwenka u. a.

Teatro Colón Buenos Aires (11. 10. 1968), D. Otmar Suitner, mit Ruth M. Pütz, Hermann Prey, Gerhard Unger u. a.

Papagena in

Wolfgang Amadeus Mozart „Die Zauberflöte"

Teatro Colón Buenos Aires (24. 9. 1968), D. Otmar Suitner, R. Ernst Poettgen, mit Mady Mesple, Joan Carlyle, Ruth M. Pütz, Peter Schreier, Hermann Prey, Franz Crass u. a.

Sophie in

Richard Strauss „Der Rosenkavalier"

Staatsoper Wien (13. 9. 1969), D. Hans Wallat, R. Otto Schenk, mit Leonie Rysanek-Gausmann, Gertrude Jahn, Karl Ridderbusch, Erich Kunz u. a.

Charlotte in

Robert Stolz „Venus in Seide"

Volksoper Wien (10. 3. 1970), D. Anton Paulik, mit Peter Minich, Herbert Prikopa u. a.

Adele in

Johann Strauß „Die Fledermaus"

Bregenzer Festspiele (24. 7. 1970), D. Josef Krips, mit Wilma Lipp, Erich Kunz, Fritz Muliar u. a.

Marzelline in

Ludwig van Beethoven „Fidelio"

Teatro Colón Buenos Aires (1970) mit Ingrid Bjoner u. a.

Blondchen in

Wolfgang Amadeus Mozart „Die Entführung aus dem Serail"

Teatro Colón Buenos Aires (1970)

Rosina in

Gioacchino Rossini „Der Barbier von Sevilla"

Stadttheater Luxemburg (24. 1. 1971)

Lucinde in

Charles Gounod „Der Arzt wider Willen"

Volksoper Wien (4. 4. 1971), D. Périsson, mit Adolf Dallapozza, Carl Dönch u. a.

Susanna in

Wolfgang Amadeus Mozart „Die Hochzeit des Figaro"

Bolschoi-Theater Moskau (6. 10. 1971), D. Josef Krips, mit Wilma Lipp, Heinz Holecek u. a.

Ännchen in

Carl Maria von Weber „Der Freischütz"

Staatsoper Wien (28. 5. 1972), D. Karl Böhm, mit Gundula Janowitz, James King, Karl Ridderbusch, Eberhard Wächter u. a.

Adele in

Johann Strauß „Die Fledermaus"

Deutsche Oper Berlin (31. 12. 1972), D. Gerhard Wimberger, R. Otto Schenk, mit Gundula Janowitz, Brigitte Fassbaender, Donald Grobe, Hans Beirer, Barry McDaniel, Otto Schenk u. a.

Marie in

Friedrich Smetana „Die verkaufte Braut"

Volksoper Wien (22. 9. 1973), D. Franz Bauer-Theussl, R. Richard Bletschacher, mit Josef Hopferwieser, Erich Kuchar, Ernst Gutstein u. a.

Staatstheater Saarbrücken (13. 6. 1974), D. Wolfgang Schmid, R. Götz Fischer, mit Anton de Ridder u. a.

Mimi in

Giacomo Puccini „La Bohème"

Stadttheater St. Gallen (29. 11. 1974), mit Giorgio Tscholakoff u. a.

Musette in

Giacomo Puccini „La Bohème"

Salzburger Festspiele (22. 3. 1975), D. Herbert von Karajan, R. Franco Zefirelli, mit Mirella Freni, Luciano Pavarotti, Rolando Panerai u. a.

Opernhaus Zürich (8. 9. 1976)

Staatsoper Wien (13. 5. 1988), D. Herbert von Karajan, R. Franco Zefirelli, mit Mirella Freni, Luciano Pavarotti, Rolando Panerai u. a.

Nationaltheater München (26. 1. 1978), D. Carlos Kleiber, mit Mirella Freni u. a.

Staatsoper Wien (2. 5. 1978), D. Herbert von Karajan, R. Franco Zefirelli, mit Mirella Freni, Luciano Pavarotti, Rolando Panerai u. a.

Despina in
Wolfgang Amadeus Mozart „Cosi fan tutte"
Staatsoper Wien (22. 5. 1975), D. Karl Böhm, R. Otto Schenk, mit Gundula Janowitz, Brigitte Fassbaender, Peter Schreier, Bernd Weikl, Eberhard Wächter u. a.

Ighino in
Hans Pfitzner „Palestrina"
Staatsoper Wien (26. 10. 1978), D. Erich Leinsdorf

Gräfin in
Wolfgang Amadeus Mozart „Die Hochzeit des Figaro"
Staatsoper Wien (18. 10. 1979), D. Miguel Gomez Martinez, R. Helge Thoma, mit Maria Venuti, Margareta Hintermeier, Gottfried Hornik, Georg Tichy, Waldemar Kmentt, Erich Kunz u. a.

Rosalinde in
Johann Strauß „Die Fledermaus"
Nationaltheater München (31. 12. 1979), mit Eberhard Wächter

Madame Euterpova in
Gian-Carlo Menotti „Hilfe, Hilfe, die Globolinks"
Staatsoper Wien (15. 11. 1980), D. Reinhard Schwarz, R. Gian-Carlo Menotti, mit Lesley Manring, Gottfried Hornik, Georg Tichy u. a.

Clorinde in
Gioacchino Rossini „La Cenerentola"
Staatsoper Wien (22. 10. 1981), D. Claudio Abbado, mit Agnes Baltsa, Francisco Araiza u. a.

Magd in
Richard Strauss „Elektra"
Staatsoper Wien (3. 1. 1985), D. Heinrich Hollreiser, R. Richard Bletschacher, mit Christa Ludwig, Gwyneth Jones, Hans Beirer, Bernd Weikl u. a.

Frau Ill in
Gottfried von Einem „Der Besuch der alten Dame"
Staatsoper Wien (19. 10. 1985)

Drei verschiedene Sprechrollen in

Curt Goetz „Miniaturen“ (Die Rache – Herbst – Die Kommode)

Theater am Kurfürstendamm Berlin (2. 7. 1987), R. Jürgen Wölffer, mit Georg Thomalla u. a.

Virginia in

Lina Wertmüller „Liebe und Magie in Mamas Küche“

Volkstheater Wien (21. 5. 1989), mit Krista Stadler, Julia Gschnitzer, Erni Mangold u. a.

Nora Rittinghaus / Tangosänger in

Ernst Krenek „Kehraus um St. Stephan“

Staatsoper Wien im Ronacher (6. 12. 1990), D. Peter Keuschnig, R. Markus Weber, mit Hans Helm, Heinz Zednik, Gottfried Hornik u. a.

Heidi Schiller in

Stephen Sondheim „Follies“

Theater des Westens Berlin (27. 9. 1991), R. Hans Baumann, mit Eartha Kitt, Brigitte Mira, Margot Hielscher, Alice und Ellen Kessler u. a.

D = Dirigent, R = Regisseur.

Das angegebene Datum ist der Tag der Premiere oder Wiederaufnahme, in Einzelfällen auch des Rollendebüts.

Diskographie

Schlager

Unser Leben soll nur Liebe sein / Das ganze Jahr lang blühn keine Rosen (D. H. Kudritzki). Schellack – Telefunken U 45613

Chi sa? / Zigeunerlied (D. Hans Carste). Schellack – Telefunken A 11718

Tirilirili singt die Nachtigall / Wenn die Liebe will (D. Adolf Wreege). Schellack – Telefunken A 11458

Ho-Joho-Toho / Traumlied (D. Béla Sanders). Schellack – Telefunken A 11585

Eine einzige Stunde mit dir / Ich kann ohne dich nicht mehr leben (D. H. Hollenberger). Schellack – Telefunken 11727

Amsellied / Eine einzige Stunde mit dir (D. H. Hollenberger). Schellack – Telefunken U 45728

Zwei blaue Augen (D. H. Gonzelmann). Schellack – Telefunken U 45776

Im Schwarzwald singt ein Finkenpaar / Blue Canary (D. Béla Sanders). Schellack – Telefunken U 45836

Unser Leben soll nur Liebe sein. LP – Telefunken NT 900

Camillos Wunschkonzert. – Eurodisc 78003 IU

Immer und ewig (P. Sandor Konya, D. Franz Marszalek). – Polydor 21351

Operette

Schön ist die Welt (P. Rudolf Schock, D. Franz Fox). LP – EMI WDLP 548

Ungarland, Heimatland (P. diverse, D. diverse). LP – Eurodisc 72719

Immer wenn ich glücklich bin (P. diverse, D. diverse). LP – Eurodisc 72311

Der Vogelhändler (P. Rudolf Schock, D. Franz Fox). LP – Eurodisc 70820 IE

Boccaccio (P. Rudolf Schock, D. Franz Fox). LP – Eurodisc 33284

Saison in Salzburg (P. diverse, D. Rudolf Bibl). LP – Amadeo 9243 St

Geschichten über Frauen der Geschichte (P. diverse, D. diverse). EMI C 193-29244/5

Und der Himmel hängt voller Geigen (P. diverse, D. diverse). LP – Eurodisc 86661 XDE

Robert Stolz, Ein Leben für die Musik (P. diverse, D. Robert Stolz). – Eurodisc 75917 IE

Grüß mir mein Wien (P. diverse, D. diverse). LP – Ariola 86205 XBU

Schön war die Zeit (P. diverse, D. diverse). LP – Ariola 86896 XCU

O mia bella Italia (P. diverse, D. diverse). LP – Eurodisc 87253 XDU

Ein Paradies am Meeresstrand (P. diverse, D. diverse). LP – Eurodisc 76271 IU

Der Vogelhändler (Gesamtaufnahme, P. Adolf Dallapozza, D. Willi Boskovsky). LP – EMI C 061-28829 Q

Jubiläumskonzert Johann Strauß (P. diverse, D. diverse). LP – Bild am Sonntag 88384 EE

Unsterbliche Operette (P. diverse, D. diverse). LP – Eurodisc 86003 XDE

Operetten-Rendezvous (P. Rudolf Schock, D. Schmidt-Boelcke). LP – Eurodisc 89241 XAT

Franz Lehár in memoriam (P. diverse, D. diverse). LP – Eurodisc 80205 IE

Das Dreimäderlhaus (P. diverse, D. Rudolf Bibl). LP – Amadeo AVRS 9242 St

Das goldene Paul-Abraham-Album (P. diverse, D. diverse). LP – Marcato 75819

Der Vetter aus Dingsda (P. Rudolf Schock, D. Schmidt-Boelcke). LP – Eurodisc 74087 IE

Barcarole (P. diverse, D. diverse). LP – Polydor 249365

Das goldene Zeitalter der silbernen Operette (P. diverse, D. diverse). LP – Eurodisc 80973 XE

Zwei Herzen im Dreivierteltakt / Wenn die kleinen Veilchen blühen (P. Rudolf Schock, D. Robert Stolz). LP – Marcato 73279

Der Bettelstudent (P. Hermann Prey, D. Franz Allers). LP – EMI SME 81073

Der Bettelstudent (Gesamtaufnahme, P. Hermann Prey, D. Franz Allers). LP – EMI C 191-30162/63)

Die Fledermaus (P. Anneliese Rothenberger, Hermann Prey, Nicolai Gedda, D. Willi Boskovsky). LP – EMI C 061-28823

Die Fledermaus (Gesamtaufnahme, P. Anneliese Rothenberger, Brigitte Fassbaender, Hermann Prey, Nicolai Gedda, D. Willi Boskovsky). LP – EMI C 193-2933/301

Die Fledermaus (Gesamtaufnahme, P. Wilma Lipp, Rudolf Schock, D. Robert Stolz). LP – Eurodisc 71566 XE

Wiener Blut (Gesamtaufnahme, P. Anneliese Rothenberger, Nicolai Gedda, D. Willi Boskovsky). LP – EMI 1 C 193-30688/89

Ein Walzertraum (P. diverse, D. diverse). LP – Primaphon U 2010

Vienna, Women and Song (P. Walter Krenn, D. Anton Paulik). LP – Decca 4978

Hochzeitsnacht im Paradies (P. Peter Alexander, D. Franz Marszalek). LP – Polydor J 73527

Saison in Salzburg (P. Herta Talmar, Peter Alexander, D. Franz Marszalek). LP – Polydor 7/73524

Die Csardasfürstin (P. Herta Talmar, Fritz Wunderlich, D. Franz Marszalek). LP – Polydor F 76587

Pariser Leben (P. Anneliese Rothenberger, Adolf Dallapozza, D. Willy Mattes). LP – 1 C 157-46574-75

Die schöne Galathée (P. diverse, D. Franz Marszalek). LP – RCA VL 30352

Clivia (P. Peter Minich, D. Franz Marszalek). LP – RCA VL 30364

Die Operette und ihre goldenen Stimmen (P. diverse, D. diverse). LP – RCA VL 30366

Oper

Der Wildschütz (P. Erika Köth, Gottlob Frick, Rudolf Schock, D. Wilhelm Schüchter). – Eurodisc 41451 CR

Der Wildschütz (P. Erika Köth, Gottlob Frick, Rudolf Schock, D. Wilhelm Schüchter). – LP – Eurodisc 41450 CR

La Bohème (P. Gerda Scheyrer, Waldemar Kmentt, D. Franz Bauer-Theussl). LP – Ariola 11380

Reich mir die Hand, mein Leben (P. Fritz Wunderlich, D. diverse). LP – Eurodisc 86522 XDR

Zar und Zimmermann (P. Fritz Wunderlich, D. Franz Bauer-Theussl). LP – Eurodisc 86804 KR

Unsterbliche Opernmelodien im Glanz berühmter Stimmen (P. diverse, D. diverse). LP – Eurodisc 77831 XR

Die schönsten Stimmen der Gegenwart (P. diverse, D. diverse). – Eurodisc 72432

Fünftausend Taler (P. diverse, D. diverse). – Maritim 47328

Stardiskothek „Renate Holm singt berühmte Szenen und Arien". – Ariola 200 063-241

Die Entführung aus dem Serail (D. Istvan Kertesz). – Melodram

Die Zauberflöte (Gesamtaufnahme, P. Christina Deutekom, Pilar Lorengar, Martti Talvela, Hermann Prey, D. Georg Solti). LP – DECCA SET 479/81

Renate Holm – Ein Sängerporträt (D. Argeo Quadri). LP – Ariola S 72261

Durch Zärtlichkeit und Schmeichelei / Welche Wonne, welche Lust / Frag ich mein beklommen Herz (D. Alberto Erede). – Eurodisc S 40057 CR

Die Eifersucht ist eine Plage / Lieblich röten sich die Wangen / Will ich allein ... (D. diverse). – Ariola 16401 C

Wienerlieder u. a.

Wien, Wien, nur du allein (D. diverse). LP – EMI 1 C 061-28847

300 Jahre Wienerlied (P. diverse, D. K. Grell). LP – EMI C 062-28007

Märchenstadt im Donautal (P. diverse, D. diverse). LP – EMI (HÖR ZU)

Unsterblicher Schubert (P. Rudolf Schock, D. Fried Walter). LP – Eurodisc 87873

Musik ist Trumpf (P. diverse, D. diverse). LP – EMI 1 C 054-32881

Wie es euch gefällt. Aus dem volkstümlichen Repertoire von Renate Holm (D. diverse). LP – Eurodisc 72457 IU

Im schönsten Wiesengrunde (D. Fried Walter). LP – Eurodisc

Kalenderlied / Blue Canary / Zauberlied (D. Werner Eisbrenner). – Eurodisc 40440 CE

Wenn alle Brünnlein fließen (D. Fried Walter). – Eurodisc 200154-315

Lied der Nachtigall / Musikant, wo ist deine Heimat / Ein Schwipserl möcht' ich haben (D. Werner Eisbrenner). – Eurodisc 36647

In mir klingt ein Lied / Amsellied / Du mein Schönbrunn (D. Franz Fox). – Eurodisc 41479 CU

Het Volendams Operakoor (D. van Randwijk). – Ariola 202-790

Höhepunkte aus „Musik ist Trumpf" (D. diverse). – EMI 1 C 054-32881

Zu Gast bei Renate Holm (D. diverse). – Eurodisc 302509-370

P = Partner, D = Dirigent

Namensregister

STAATSOPER

Wien I, Opernring

Spielplan für die Zeit vom 24. bis 31. Mai 1981

Tag	Vorstellung		Proben
Sonntag, 24. Mai	Bei aufgehobenem Abonnement – Geschlossene Vorstellung Kein Kartenverkauf In italienischer Sprache 19 Uhr **Lucia di Lammermoor** 34 Walter Gruberova, Slania Zancanaro, Lima a. G., Yamaji, Wimberger, Caban Kienast Zessar		Bei dreistündigen Proben ist spätestens nach 1½ Stunden eine Pause zu gewähren.
Montag, 25. Mai	Letzte Vorstellung im Abonnement 16. Gruppe Beschränkter Kartenverkauf – Preise D BALLETTABEND 19 Uhr **Dornröschen** 14 Märzendorfer Cech, Kirnbauer, Worisch Birkmeyer, Tichy Dill / Gacio	**Teesalon:** 9.30 Regiesitzung	**Orchesterraum** (geschlossener eiserner Vorhang): 10 Wozzeck, Orchesterprobe **Bühne** (geschlossener eiserner Vorhang): 11.30 Wozzeck, mit Klavier **Orgelsaal:** 10 und 17 La Bohème, mit Klavier **Ensembleprobesaal:** 17 Wozzeck, Ensembleprobe
Dienstag, 26. Mai	Bei aufgehobenem Abonnement – Beschränkter Kartenverkauf Preise D In italienischer Sprache 19.30 Uhr **La Bohème** 168 de Fabritiis Tokody, Holm Carreras, Hornik, Kerns, Franc, Holecek, Usunow, Caban, Wiener Sängerknaben Lantieri Cserjan	**Musikvereinssaal:** 10 Wozzeck, Orchesterprobe	**Bühne:** Wozzeck, mit Klavier **Probebühne:** 17 Wozzeck, mit Klavier
Mittwoch, 27. Mai	Bei aufgehobenem Abonnement – Beschränkter Kartenverkauf Preise D 20 Uhr **Elektra** 2 Leinsdorf Vinzing, Ludwig, Jones, Felbermayer, Dutoit, Szönyi, Lilowa, Hintermeier, Jahn, Lotte Rysanek, Borowska King, Berry, Toliver, Gahmlich, Fink Bletschacher Stelzmüller	**Musikvereinssaal:** 10 Wozzeck, Orchesterprobe	**Bühne:** Wozzeck, Dekorations- und Beleuchtungsprobe **Probebühne:** 17 Wozzeck, mit Klavier **Orgelsaal:** 10 und 17 André Chénier, mit Klavier **Ensembleprobesaal:** 10 und 17 Tannhäuser, Ensembleprobe
Donnerstag, 28. Mai	Beschränkter Kartenverkauf – Preise D 18 Uhr **Boris Godunow** 28 Klobucar Yachmi, Shirashi, Slania, Miltschewa, Lilowa Ghiaurov, Kmentt, Helm, Rydl, Atlantow, Rubaschkin, Czerwenka, Wildhaber, Toliver, Zednik, Christian, Terkal, Equiluz, Tichy, Sramek, Gumpoldskirchner Kinderchor Usunow Cserjan		
Freitag, 29 Mai	Bei aufgehobenem Abonnement – Beschränkter Kartenverkauf Preise D In italienischer Sprache 19.30 Uhr **La Bohème** 167 de Fabritiis Tokody, Holm Carreras, Hornik, Kerns, Franc, Holecek, Usunow, Caban, Wiener Sängerknaben Lantieri Cserjan		**Bühne:** Wozzeck, mit Klavier **Probebühne:** 17 Wozzeck, mit Klavier **Orgelsaal:** 11 und 17 Tannhäuser, mit Klavier
Samstag, 30. Mai	Preise D 20 Uhr **Elektra** 3 Leinsdorf Vinzing, Ludwig, Jones, Felbermayer, Dutoit, Szönyi, Lilowa, Hintermeier, Jahn, Lotte Rysanek, Borowska King, Berry, Toliver, Gahmlich, Fink Peppermüller Stelzmüller		**Bühne:** Wozzeck, mit Klavier **Probebühne:** 10 Attila, mit Klavier **Orgelsaal:** 11.30 Tannhäuser, mit Klavier
Sonntag, 31. Mai	Bei aufgehobenem Abonnement – Preise D 18 Uhr **Tannhäuser** 42 Sanderling Jones, Martin, Herman Adam, Beirer, Weikl, Hopferwieser, Bunger, Wendler, Guthrie Färber Suppan		

1. Wenn ein Mitglied krankheitshalber verhindert ist, an den angesetzten Proben oder Vorstellungen teilzunehmen, hat es dies der Direktion sofort anzuzeigen und gleichzeitig ein ärztliches Zeugnis einzusenden.
Theater-(Betriebs-)Arzt ist Ob.-Med.-Rat Dr. Götz Kende (Ordination im Dienstzimmer Montag, Mittwoch, Donnerstag, Freitag 10.30 bis 11.30 Uhr).

2. Die Mitglieder sind verpflichtet, eine halbe Stunde (für außerhalb des Stadtgebietes Wohnende eine Stunde) vor Beginn des Aktes, in dem sie aufzutreten haben, im Theater anwesend zu sein. Der Abendspielleiter ist verpflichtet, Verspätungen der Direktion sofort zu melden.

3. Auch die in den angesetzten Vorstellungen nicht beschäftigten Mitglieder haben eine Stunde vor Theaterbeginn in ihrer Wohnung die eventuelle Erreichbarkeit sicherzustellen.

4. Es wird neuerlich in Erinnerung gebracht, daß das Anprobieren von Kleidern nur in den Werkstätten des Operntheaters selbst, und zwar innerhalb der Arbeitsstunden (8 bis 12 und 13 bis 16 Uhr) erfolgen kann.

Die Mitglieder sind ausnahmslos verpflichtet, jeden Urlaub sowie Mitwirkungen jeder Art vor Abschluß dem Direktor anzuzeigen
Mitglieder, die einen gewährten Urlaub beenden, sind verpflichtet, ihren Dienstantritt umgehend der Regiekanzlei bekanntzugeben
Die Mitglieder sind verpflichtet, sich selbst über die Proben des nächsten Tages entweder telephonisch oder persönlich in der Regiekanzlei zu informieren **Eine Verständigung durch die Regiekanzlei erfolgt nicht!**

Telephon der Regiekanzlei: 53 24 - 23 18 oder 53 24 - 23 19 **Tonbandauskunft über Programm und Besetzungen: 53 24 - 23 45**

Das jeweilige Wochenprogramm ist jeden Donnerstagabend in der Regiekanzlei erhältlich